cafe & bakery

# 즐거워, 빵과 커피가 있으면

이하성
글과 사진

매일 가고 싶은 빵집·카페 78곳

BREAD

DESSERT

COFFEE

TEA

BRUNCH

시공사

# Writer's Note

버스를 타고 가다 창밖에 보이는 빵집을 보고 무심코 내려본 적 있나요? 저는 아무 생각 없이 동그란 흰색 간판에 '빵'이라고 적힌 빨간 글씨만 보고 충동적으로 내리는 일이 종종 있었습니다. 그 빵집의 무엇에 그리 끌렸는지는 사실 아직도 잘 모르겠습니다. 하지만 제게 맛있는 빵과 커피 그리고 잘 알려지지 않은 멋진 공간을 찾아 다니는 일은, 몇 년째 하고 있는 지금도 설렘으로 다가오곤 합니다.

때로는 잔뜩 기대를 품고 들른 곳에 실망하기도 하고, 꼭 먹고 싶었던 빵이 품절되기도 하죠. 어떤 땐 인터넷만 찾아보고 간 곳이 이미 폐업한 때도 있었습니다. 하지만 반대로 아무 기대 없이 우연히 들어간 빵집에서 인생 빵을 만나기도 하고, 어떤 정보도 없이 한 시간을 넘게 걸려 찾아간 카페에서 감동하고 온 일도 있었습니다.

꽤 오랜 시간 다녔는데도 "어디 빵을 가장 좋아하세요?", "xx동 카페 추천해 주세요."와 같은 질문에 대한 답은 참 어렵습니다. 책을 집필하면서도 고민이 많았습니다. 추천할 만한 매장이 없어서라기보다는 제가 좋아하는 곳은 당연하게도 저와 공간 그리고 사람이 섞여 만들어진 추억이 깃든 곳이 대부분일 텐데, 과연 이러한 곳을 상대방도 좋아해 줄까 하는 걱정이 앞서서였습니다.

맞습니다. 이 책 또한 마찬가지입니다. 저는 책에 들어갈 공간을 선정할 때, 결국 대중적으로 좋아할 만한 베이커리, 카페보다는 제게 의미 있었던 공간 위주로 선택하게 되었습니다. 물론 전자의 매장도 포함되어 있습니다만, 이 책에는 인스타그램 breads_eater 뒤의 이하성이라는 개인의 취향과 시선이 많이 반영되어 있기 때문입니다.

저는 아직 동네에서 만날 수 있는 작은 공간이 좋고, 주인장의 취향이 듬뿍 녹아 들어간 공간이 좋습니다. 빵에서도 유행을 타는 제품을 내어 놓는 매장보다는 편하게 접할 수 있고 만든 이의 방향이 확실한 빵을 판매하는 매장을 더욱 좋아합니다. 제가 카페와 베이커리를 고르는 기준 또한 대체로 그러합니다.
그렇기에 독자 여러분께서도 꼭 정보서로서의 목적보다는 한 개인의 이야기를 따라간다는 느낌으로도 이 책을 읽어 주셨으면 합니다.

# Notice

1. 2021년 8월 1일까지 취재한 정보를 바탕으로 했습니다. 가게 영업 정보는 코로나 등 상황에 따라 달라질 수 있습니다.

2. 가게를 소개하는 순서는 저자의 추천도에 따랐습니다. 지역별로 정리된 가게 목록은 8쪽에서 볼 수 있습니다.

3. 빵, 디저트, 커피 음료, 티, 브런치 등 각 장의 구분은 가게의 주력 상품을 기준으로 했습니다.

4. 방문하기 전에 영업 시간과 휴무 정보, 예약 필수 여부 등을 확인합니다. 공식 인스타그램 계정을 통해 공지하는 곳이 많습니다. 각 가게 정보에 인스타그램 계정이 적혀 있습니다.

5. 반려동물 동반 가능 여부는 유동적인 경우가 있어 기입하지 않았습니다. 가게에 직접 확인한 후 방문하기를 권합니다.

6. 메뉴의 가격은 축약해 기입했습니다. 5,000원은 5.0으로 10,000원은 10.0으로 적었습니다.

# Contents

| | | |
|---|---|---|
| **004** | **Writer's Note** 작가의 말 | |
| **008** | **Index by Area** 지역별 가게 리스트 | |
| **016** | **Breads_eater's Choice** 내가 선택한 빵집과 카페들 | |
| **106** | **Bread** 빵 | |
| **144** | **Dessert** 디저트 | |
| **186** | **Coffee & Beverage** 커피 & 음료 | |
| **254** | **Tea** 티 | |
| **274** | **Brunch** 브런치 | |

# Index by Area

### 서울

꼬앙드파리 p.288
꼼다비뛰드 p.58
릴리우드 p.172
루아르 커피바 p.236
모올 p.90
바닐라 스위트 p.184
빵의 정석 p.138
뺑드에코 p.120
소울 브레드 p.108
수연산방 p.256
선과점 p.90
세이지핀치 p.276
어글리 베이커리 p.126
이미 커피 로스터스 p.66
오디너리핏 p.98
오디너리핏 역삼점 p.98
오디너리핏 연희점 p.98
재인 p.158
제뉴어리 피크닉 p.185
초이고야 p.114
카페 진정성 논현점 p.224
카페 진정성 여의도점 p.224
커피 앳 더 플레이스 p.246
키에리 p.178
키이로 p.146
티노마드 p.273
파티세리 소나 p.134
헤비 로테이트 p.230
호라이즌 식스틴 p.170

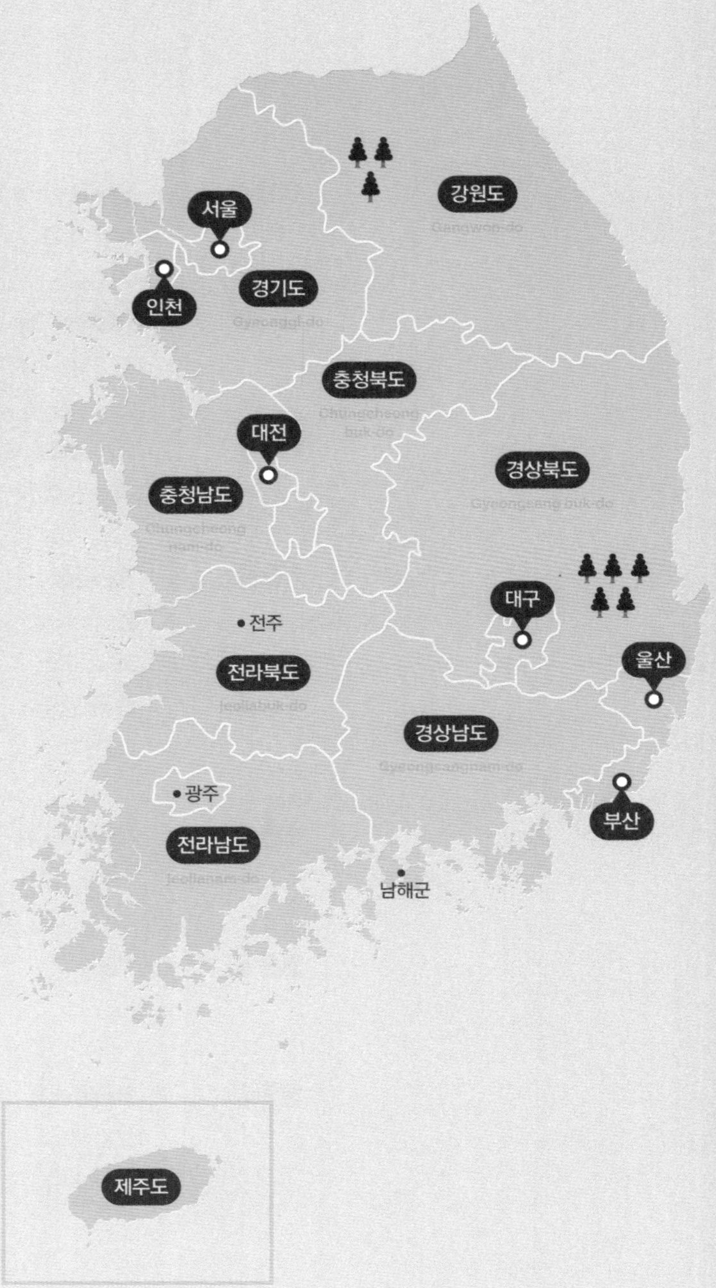

### 경기도

가온 베이커리 p.136
곰이네 고래빵 p.42
라피에나 p.282
마이 포터리 p.244
묵리 459 p.290
심플리 브레드 p.141
오시에 p.272
정지영 커피 로스터즈 p.241
카페 기면민 p.180
카페 진정성 본점 p.224
카페 진정성 김포 기점 p.224

### 인천

브라운 아지트 p.142
온더바 p.251
정서 p.194
카페 썸모어 p.292

### 대전

네살차이 p.152
리셉션 p.242
보램보램 p.206
사무실 p.242
어반 멜로우 p.143
즐거운 커피 p.248
카페 사소한 p.252

### 충남

구월 아뜰리에 p.238
사네 p.188

### 전주

백일몽 p.164

### 대구

비둘기제과점 p.182
스완네 p.174
썬빌로우 베버리지 p.218
아눅앞산 p.294
애리스 커피 스탠드 p.250
오가닉 모가 p.74
우리밀 제빵소 레헴 p.82

### 부산

구프 p.253
디저트 시네마 p.140
럭키 베이커리 p.132
비비비당 p.270
연화제과 p.176
오디너리핏 부산점 p.98
타타 에스프레소바 p.132

### 울산

고고당 p.268

### 남해

앵강 마켓 p.262

### 제주도

고요새 p.50
병과점 미남미녀 p.18
세러데이 아일랜드 p.200
썬샤인워크 p.26
인스밀 p.212
토템오어 p.34
카페 진정성 제주 종점 p.224

o 가게 이름은 가나다 순.

@hyuna107

@sunshinewalkjeju

@totem.ore

@gomine90lepain

@goyosae_

@comme__d_habitude

@imicoffeeroasters

@organicmoga

@lehem_sz

@moeul_

@seongwa_grocery

@ordinary.pit

내가 선택한
빵집과 카페들

# Breads_eater's Choice

맛있게 만드는 남자, 아름답게 꾸미는 여자
## 병과점 미남미녀

내게 수많은 제주의 카페 중 가장 기억에 남았던 딱 한 곳을 뽑으라고 하면 살짝 고민해야 할지도 모르겠다. 그러나 세 곳을 뽑으라 한다면 반드시 포함되어야 할 카페가 바로 서귀포 색달의 병과점 미남미녀다.

@hyuna107

## 타고난 재능이란 이런 것일까
## 들어서자마자 탄성이 나오는 공간

지금은 예약제로 바뀌었지만 내가 들렀을 무렵에는 그렇지 않았다. 문을 열기 30분 전에 도착했는데, 7번째 순번이라던가? 거의 끝자락에 간신히 들어갈 수 있었다. 들어가자마자 탄성이 절로 나오는 공간. 가장 특징적이었던 건 어디서 이런 걸 다 구했을까 싶을 정도로 다양하고 많은 오브제들이었고, 그 장식된 모양새가 전혀 과해 보이지 않다는 것이었다.

꾸밈이라고 하는 영역에도 일정 부분 타고난 재능이 있어야 한다고 생각하는데, 미남미녀의 공간에는 그러한 재능의 영역이 느껴졌다. 단순한 달걀 하나까지 이렇게 감각적으로 배치할 수 있을까? 처음 다녀온 지 2년이 지난 뒤에 다시 가보아도 촌스럽기는커녕, 트렌드를 앞서 나가고 있는 카페다.

## 어지러이 놓인 도구들마저
## 조화를 이루는 주방

물건뿐만 아니라 공간 자체로도 아름다운 곳. 베이지색 벽면과 바닥의 타일은 그 은은한 색감이 기품 있게 보였고, 많은 사람들이 포토존으로 애용하는 두 창가는 과연 명불허전이었다. 나에게 가장 놀라웠던 건 주방. 바 테이블 위로 어지러이 올라간 물건들과 그 뒤로 걸린 조리도구, 한쪽 창 너머로 보이는 수풀과 중앙에서 디저트를 꼼꼼하게 플레이팅 하고 있는 사장님이 전부 어우러져 자연스레 한 폭의 그림이 그려지는 그런 주방이었다.

훌륭한 디저트로 탄생한 떡
그리고 곁들임 메뉴들

미남미녀는 병과점이란 이름답게 떡을 베이스로 한 디저트를 판매하는 카페. 시즌에 따라 떡으로 만든 다양한 디저트가 나오고, 거기에 셔벗과 같은 아이스크림 디저트와 수정과, 에이드, 커피 등의 음료를 곁들이고 있다. 토속적인 식재료를 서양의 디저트 방식으로 풀어낸 미남미녀의 음식. 호박과 호두 정과가 들어간 셔벗에선 호박죽과도 비슷한 맛이 느껴졌고, 몽블랑은 밤 설기와 녹두 고물로 맛을 내 기존의 몽블랑과는 맛도 식감도 전부 색달랐다. 물론 좋은 쪽으로 말이다. 쑥설기와 유자, 팥 크림이 들어간 쑥자는 또 어떠한가. 이름만 들어도 한국적인 풍미가 감돌기 시작한다.

미남미녀는 처음엔 그 아름다움에, 나중엔 디저트의 맛에 두 번 반하게 되는 공간이었다. 두 마리 토끼를 모두 잡았다는 말은 이럴 때 써야 하는 말이 아니었을까? 서울에 올라가면 가장 먼저 인스타그램에 업로드 해야지 마음먹었던 이 카페는 결국 아직도 올리지 못했다. 가장 좋았던 공간이었기에 잘 쓰고 싶어서 예쁜 사진을 고르고 싶어 고민하다가, 그렇게 시기를 놓쳤다. 때로는 너무나 좋았기에 알려주지 못하게 되는 카페도 있기 마련이다.

**주소** 제주 서귀포시 색달중앙로55번길 22
**전화** 0507-1330-6165
**영업 시간** 13:00~17:00, 일·월·목요일 휴무, 예약제(인스타그램 참고)
**메뉴** 음료(6.0~7.0), 디저트(5.0~10.0)
**주차** 주변에 가능
**근처 가볼 만한 곳** 테, 썬샤인워크

리틀 포레스트 속으로
# 썬샤인워크

3년 전만 해도 채식이나 비건이라는 개념은 생소했지만, 이제 서울에서는 비건 식당이나 비건 디저트, 빵을 판매하는 매장을 심심치 않게 찾아볼 수 있다. 그리고 제주에서도 비건 식당과 카페가 조금씩 늘어나는 추세. 사실 썬샤인워크라는 카페는 영화 〈리틀 포레스트〉를 연상시키는 분위기에 먼저 끌렸지만, 상세하게 알아보다 보니 가야 할 이유가 더 많아진 그런 곳이다.

@sunshinewalkjeju

## 중년 부부가 만들어 가는
## 제주 속 리틀 포레스트

서귀포의 한적한 마을. 골목길을 따라 운전해 들어가다 보면 붉은 지붕을 가진 하얀 건물과 만나게 된다. 거기에 돌담까지…. 제주의 카페는 이러한 외관을 가진 곳이 많다. 하얗게 칠한 단정한 내부, 주방에 가지런하게 진열된 식기 사이로 분주하게 움직이는 사장님께서 한 장면을, 깔끔하게 정돈된 테이블과 의자, 그 위의 사각 창 너머로 보이는 초록색 나뭇잎이 또 한 장면을 만들어 낸다. 길게 선을 뺀 전등 아래로 빈티지 식기와 잼을 진열해 놓은 진열대는 그중에서도 하이라이트.
썬샤인워크의 사장님은 중년의 부부. 남편이 카운터를 보며 커피를 내리고, 아내가 토스트를 만든다. 멀리서 두 분의 모습을 가만히 지켜보니 퍽 다정하게 느껴진다. 무척이나 친절하셨던 두 분. 주문을 받을 때나, 음식을 먹고 나갈 때나 한결같이 부담스럽지 않은 말투와 부드러운 미소로 응대해 주던 모습은 제주를 다니는 내내 기억에 남았다.

## '신선함', 당연하지만
## 음식을 돋보이게 하는 이유

메뉴판에는 '애프터눈 스윗'이라 적힌 식물성 디저트 플레이트가 먼저 눈에 들어온다. 잼과 페스토, 치즈 등을 직접 만들고 식빵 또한 식물성 재료로 직접 구워 낸다는 게 가장 특징적인 부분. 커피에 들어가는 우유도 식물성 블랜딩 우유를 사용하는 등 식재료에 꼼꼼하게 신경 쓴 점이 엿보인다.
맛있는 정물 토스트는 두툼하게 썰어 구운 식빵에 당근 잼, 바질 페스토와 두부치즈, 올리브 오일 등을 곁들인 조합. 계절에 따라 잼과 페스토는 달라진다고 들었다. '갓 만들어 낸 음식이구나.'라는 첫인상을 받았다. 물론 당연하겠지만 그만큼 신선함이 돋보였다는 의미다. 디저트로 먹기엔 조금 건전한(?) 맛인데, 그게 또 부담스럽지 않고 그만의 감칠맛이 있어 매력적이었다. 바삭하면서도 속살은 부드러운 식빵에 오일을 묻혀 페스토를 발라 먹고, 당근 특유의 채소 맛과 은은한 단맛을 품은 잼을 얹어 먹기도 하며 이런저런 방식으로 먹어 본 토스트. 두부치즈는 치즈의 질감에 두부의 고소함이 느껴져 나름의 별미였다.

오픈형 키친이다 보니 사장님께서 토스트를 만드시는 모습을 쭉 구경할 수 있었다. 참 손재주가 좋으시다. 부부가 서울에서 식당을 운영하다 제주로 내려와 이곳을 차리셨단다. 보기엔 간단해 보이는 음식이지만 마당 텃밭에서 키운 허브를 말려 사용하고, 잼과 페스토를 하나하나 직접 만들고 거기에 빵까지 구우면서 치즈도 숙성시키려면 이야기가 180도 달라지겠지. 분명 그러한 작업은 보통 정성으로 가능한 일이 아니다. 그래서 많은 양을 준비하지는 못해도, 행복해질 수 있는 만큼만을 준비한다는 사장님.

부부가 하나하나 매만져가며 서두르지 않고 시간을 들여 만들어 낸 작은 집은 자연을 있는 그대로 머금었다. 행복하기 위해 두 분이 제주도에 만들게 되었다는 썬샤인워크. 제주의 따스한 햇볕을 맞으며 푸릇한 귤밭을 바라보며 유기농 친환경 식재료로 정성스레 만들어 낸 소박한 가정식 토스트로 그들의 행복을 조금 나누어 보는 것은 어떨까?

**주소** 제주 서귀포시 소보리당로 40-4 1층
**영업 시간** 12:00~17:00, 월·목·금요일 휴무
※ 2021년 8월 현재 임시휴업. 영업 재개 시기는 공식 인스타그램 참고
**메뉴** 맛있는 정물 플레이트(13.5), 클라우디 썬샤인(7.5), 썬셋 홈블렌딩 효소 에이드(8.0)
**주차** 마을 회관에 가능
**근처 가볼 만한 곳** 병과점 미남미녀, 테, 더 리트리브

cafe & bakery

어우러짐의 미학을 느낄 수 있는 공간
# 토템오어

오픈 시간보다 조금 이르게 가게 앞에 도착했다. 주차하고 내려서 바라본 이 공간의 외관은 흰 벽과 검은 문을 가진, 심플하다기보단 어딘지 모를 묘한 신비감이 감도는 그런 곳이었다. 아마도 문에 달린 작은 금색 손잡이에 새겨진 'totem ore'라는 가게의 이름 덕분이었는지도 모르겠다.

@totem.ore

마치 전통 한지와 같다
여백과 사색의 공간

무거운 문을 밀고 안으로 들어갔다. 그 순간 마주한 토템오어의 첫인상은 '입이 다물어지지 않는다. 그리고 조용 아니 고요하다.'였다. 물론 어디서 쉽게 보기 힘든 오브제와 인테리어를 가졌다. 다만, 나의 놀라움은 그러한 종류의 것이 아니었다. 하나의 단어로 규정짓기 힘든 많은 요소가 한곳에 모여 합쳐진 덩어리가 나의 머릿속을 타고 입으로 나와 탄성이 된 것이었다.
이곳에는 이야기할 것이 많았다. 생각보다 오래 머물렀고 많은 이야기를 나누었다. 처음에 눈에 띈 건 수많은 오브제와 가구들. 어두운 빛깔의 나무로 되어 있는 두 테이블과 의자는 일정한 규격이 없음에도 묘하게 하나를 이루고 있었다. 서까래 역시 마찬가지다. 가구 대부분은 제주의 고목으로 만들어졌다고 한다. 그리고 양 끝에 놓인 화분. 화분과 담긴 식물은 화려하지 않아 공간의 여백을 충분히 드러내고 있었다. 토템오어의 벽은 한지와 같았다. 칠하지 않고, 가리지 않을수록 그 멋스러움이 돋보였다.
유독 많이 놓여 있던 오브제. 주변에 하는 말 중 하나가 '공간에 놓인 물건은 전부 이유가 있어야 한다.'인데 이 공간의 모든 오브제는 저마다 각자의 연유로 이곳에 넘어온듯 보였다. 설사 그렇지 않다고 해도, 어우러짐은 분명했다. 많음과 과함은 다르다. 과하지 않다면 그것은 다다익선이다. 이러한 오브제를 바라보는 즐거움은 분명 토템오어에서만 누릴 수 있을 테니까.


공간과 메뉴가
하나의 이미지를 만들어 내는 곳

'아침의 노래'라는 티와 호박우유 그리고 두 가지 디저트를 먹었다. 파이는 따끈하고, 호박의 맛이 생각보다 진했다. 파이지 부분까지 맛있게 먹은 기억이 난다. 판나코타에도 호박퓨레가 들어간다. 물론 호박 우유에도. 탱글하고 부드러운 판나코타의 크림 맛에 달콤한 호박과 팥크림이 더해져 토속적인 풍미가 묻어난다. 말린 대추 같은 고명을 올려 시각적으로도 그랬다. 서양의 디저트인데 차와 참 잘 어울리게 풀어냈다. 또한, 식기에서도 한국적인 요소를 많이 느꼈다.

일행은 화장실까지 완벽하게 이 장소와 어울린다고 말했다. 차마 다 적지 못한 석재의 쓰임이나 액자 대신 걸린 걸개 그리고 빛이 들어왔으면 참으로 예뻤을 창까지도. 공간은 어떤 하나의 덩어리를 이루고 있었고, '토템오어'라는 이름으로 표현되고 있었다.

좋은 공간이 되기 위한 핵심은 사람이 아닐까? 어찌 되었던 공간에는 사람의 취향이 묻어나고, 성격과 바람이 묻어난다. 토템오어의 모든 것이 하나로 연결되었던 이유는 만든 사람이 묻어났기 때문이었다. 자신을 제대로 알고 뚜렷하게 반영시키는 일은 생각보다 쉽지가 않다. 사람은 누구나 다르기에 누구나 다른 공간을 만들기 마련이지만, 거기에는 배제 또한 분명 필요할 터. 자신의 모습을 가다듬고, 불필요한 요소를 제외하여 공간에 표현했을 때 비로소 그 공간에 반영된 만든 이의 모습은 선명해진다. 그리고 나는 그러한 공간을 들르게 되었을 때, 보통 좋은 공간이라고 말하곤 한다.

**주소** 제주 제주시 한경면 용금로 440
**영업 시간** 12:00~18:00, 수·목·금요일 휴무
**메뉴** 블렌딩 티(아침의 노래 7.5), 호박우유(7.0), 호박치즈파이(5.5), 단팥판나코타(6.0)
**주차** 가능
**근처 가볼 만한 곳** 크래커스 커피, 카페 이면, 클랭블루, 울트라 마린

cafe & bakery

첫차 타고 빵 사러 가본 적 있나요?
# 곰이네 고래빵

빵집을 가야 하는데 새벽 4시에 일어나야 한다. 첫차를 타고 가야 하는 빵집이라니. 안양에 있는 이 베이커리는 이른 아침에 문을 연다. 도착하니 아직 캄캄한 시간. 오픈까지는 한 시간 정도 남았건만 이미 가게 앞에는 10명도 넘는 사람이 줄을 서고 있다. 덕분에 한 번 방문하기 위해선 큰 맘 먹고 가야 하는 곳, 곰이네 고래빵.

@gomine90lepain

## 주인도 찾아오는 손님도
## 부지런한 빵집

수많은 웨이팅을 경험했지만, 몇 년째 사람이 점점 더 늘어나는 곳이 얼마나 될까? 창문 너머로 분주하게 준비하는 모습이 보인다. 이른 시각에 이 많은 빵이 다 준비되려면 몇 시에 출근해야 하는 걸까? 아무리 짧게 잡아도 새벽 2시 전에는 나와야 할 텐데. 만드는 주인도 오는 손님도 정말 부지런하다.

코로나 전에는 기다리는 손님들에게 커다란 시식 빵을 내어 주곤 했었다. 여러 가지로 마음 씀씀이가 따뜻한 분들이다. 기다리면서 먹는 따끈한 빵 한 덩이는 긴 기다림 중 소소한 행복이 되어 주곤 했었다.

빵집의 내부는 카운터와 진열대가 중앙에 자리하고 그 뒤로 분주하게 빵을 만들고 옮기는 작업대가 보인다. 전에는 먹고 갈 수 있었는데, 아무래도 상황이 상황인 만큼 지금은 포장만 가능하다. 빵의 종류는 담백한 식사용 빵이 많고, 그것을 이용한 샌드위치도 많다. 거기에 다양한 크로와상 계열의 빵과 디저트로 먹을 수 있는 제과 또한 갖춘 구성. 가장 크게 눈에 띄는 부분은 역시 크기다. 남다른 크기를 가진 곰이네 고래빵의 빵. 심지어 샌드위치까지 모든 빵의 크기가 크다고 보면 된다. 그럼에도 가격은 비싸지 않은 편.


## 이곳에서만 맛볼 수 있는
## 샌드위치와 시그니처 빵

계절이나 재료의 변화에 따라 달라지는 샌드위치. 특히 봄 시즌, 부드러운 리코타 치즈가 듬뿍 들어간 '봄 샌드위치'는 모두의 입맛을 사로잡았다. 잠봉뵈르는 바게트와 크로와상 두 가지 버전을 만나볼 수 있고, 계란을 두툼하게 넣은 키슈 샌드위치나 크로크무슈도 이곳만의 샌드위치. 예전부터

인기 많은 빵은 고래버터 브레드와 치즈고래빵이다. 고래버터 브레드는
프레첼이 생각나는 단단한 빵에 버터와 밀크잼을 발랐는데 버터의 부드러운
맛과 카야잼 같은 달콤함을 가진 잼의 조합이 살짝 간간한 빵과 매력적으로
어우러진다. 치즈고래빵은 달달한 스트루델(소보루)이 붙은 빵 속에 에멘탈
치즈 등을 넣어 단짠단짠하게 먹을 수 있는 빵. 따끈할 때 먹으면 더욱
맛깔난다.

그리고 빼놓을 수 없는 크로와상 마망. 바삭한 크로와상에 바닐라 크림을
가득 채우고 슈가파우더를 입혀, 먹을 때는 두 손과 입이 슈가파우더 범벅이
되곤 하지만 그럼에도 크림의 달콤함에 기분 좋아지는 빵이다. 거기에 내가
빼놓지 않고 구매하는 게 바로 포카치아. 다른 베이커리와 다르게 고래빵의
포카치아는 기다란 모양을 가졌다. 촉촉한 식감에 트러플, 할라피뇨
등의 속재료가 들어 그냥 먹어도 맛이 좋고, 특히 곁들여 파는 직접 만든
토마토소스를 찍어 먹으면 정말 일품이다.

매번 새벽에 문을 나설 때면 꼭 '이렇게까지 해가면서 빵을 먹어야 하나.'
하는 생각도 들지만, 빵을 사와 한 입 먹는 순간 '아, 내가 이래서 여길 가는
거였지.' 하며 수긍하게 되는 빵집. 몇몇 채소는 직접 재배하는 등 유기농,
무농약의 질 좋은 재료를 사용해 정직한 방법으로 빵을 만들어 내는 곰이네
고래빵. 새벽의 긴 줄은 그 가치를 알아보는 사람들의 발걸음인가 싶다.

**주소** 경기 안양시 동안구 동편로49번길 19 1층
**전화** 031-423-1625
**영업 시간** 07:30~소진 시, 일·월·목요일 휴무, 방문 전 휴무 확인 필수
**메뉴** 트뤼프 포카치아(4.0 + 토마토소스 1.5), 크로와상 잠봉(6.5), 바게트 잠봉뵈르(6.5),
봄 샌드위치(6.5), 고래버터 브레드(4.5) 등
**주차** 불가
**근처 가볼 만한 곳** 무드 아쿠아리움, 우리밀 빵꿈터 건강담은, 맛나제과

제주에서 보내는 혼자만의 시간
# 고요새

지인이 공간을 브랜딩하는 팀을 만들었다. 그리고 어느 날 내게 신이 나서 말을 꺼냈다. PPT를 보여줘 가며 제주도에 브랜딩하게 된 카페에 관한 이야기를 늘어놓던 그녀. 두 눈에는 이제 막 사회의 한 분야에 발걸음을 들여놓는 사람 특유의 반짝거림이 묻어났다. 그리고 몇 개월이 지난 후, 바로 그 카페 고요새에 방문할 수 있게 되었다.

@goyosae_

## 고요한 요새,
## 그 이름에 어울리는 공간

고제 가구가 많이 배치된 공간. 도자기 등의 여러 오브제 역시 '고요한 요새'라는 이름에 걸맞게 동양적이고 차분한 톤을 가진 것들로 가져다 놓았다. 거친 질감을 살린 벽면 등 세세한 부분까지 신경을 쓴 삼양해변의 요새다. 처음 들어가면 마주하는 1층은 일반적인 카페로 운영 중이다. 시그니처 커피는 땅콩 크림라떼로, 고소한 우도 땅콩과 달콤한 크림이 어우러진 음료. 디저트는 크렘 당쥬라는 이름으로 많이 알려진 '천사의 크림'과 파운드 케이크인 '바통'이 있고, 선물용으로 좋은 수제 캐러멜도 다양한 맛이 마련되어 있다. 야외 테라스의 바라보는 느낌이 참 좋은 고요새의 1층. 늦은 오후 노을이 지기 전, 빛이 넘어가는 시간에 보는 바다가 매력적이지 않을 수 있을까? 어쩌면 제주도라 더 특별하게 느껴졌을 지도 모를 일이다.


## 오롯이 혼자만의 시간을
## 음미할 수 있는 2층

2층은 1층과는 완벽히 다른 개념의 공간. 계단을 오르는 순간부터 느껴지는 향 내음과 돌벽의 작은 구멍 사이로 들어오는 빛 속에서 어느 외딴 성의 복도를 걷고 있는 듯한 착각에 잠시 빠졌다. 그리고 그 끝에서 커피를 내리고 계시는 사장님. 커피에 집중할 때의 그 진중한 모습에선 사석에서 보였던 한없이 친절하고 수줍은 모습과는 또 다른 매력이 느껴졌다.
이곳은 혼자서만 입장이 가능한 곳. 나는 입장하자마자 보이는 반달형의 창과 그 앞에 매달아 놓은 종 그리고 편지함이 만들어 내는 엄숙한 분위기에 순간 압도당해 한참을 멍하니 바라보고만 있었다.

## 지친 마음을 글로 쓰며
## 마음을 다스리는 시간

각 자리는 전부 1인석으로, 손님은 음료와 디저트 플레이트 그리고 편지 도구를 받게 된다. 이 구성이 고요새 2층의 메뉴인 '혼자만의 오롯한 시간'. 음료는 핸드 드립 커피와 블랜딩 티 중에 선택하면 되고, 디저트는 한 접시에 쑥 캐러멜과 크렘당쥬, 보늬 밤 조림 그리고 바통케이크가 플레이팅 된다. 굉장히 알찬 구성이다. 1층의 디저트를 작은 사이즈로 다양하게 먹어볼 수 있다. 여기에 추가되는 또 하나가 바로 편지. 편지를 적을 수 있는 카페는 많겠지만, 혼자 자리에 앉아 나 자신에게 편지를 적는 곳이 얼마나 될까? 사회생활, 사람 혹은 여행에서 지친 마음을 글로 써내려 가며 천천히 달래 보자. 다 적은 편지는 편지함에 넣으면 가게에서 직접 부쳐 준다.

얼핏 들은 바로는 고요새의 2층은 손님뿐만 아니라 사장님의 마음 또한 회복하기 위한 공간이라고 한다. 예전엔 끝이 보이지 않는 동굴 속을 걷는 듯했었다는 사장님의 글을 본 기억이 난다. 누구나 시기의 차이가 있을 뿐, 그런 순간이 분명 찾아오게 마련이다. 그때 마음을 다잡기 위해 자신을 채찍질하고 몰아세우기보단 혼자만의 시간을 가지고, 시선을 돌려 환기해 보는 것은 어떨까? 고요새는 바로 그러기 위한 공간이다. 모두에게 필요한.

**주소** 제주 제주시 선사로8길 11
**영업 시간** 12:00~18:00, 일요일 휴무
**메뉴** 혼자만의 오롯한 시간(19.0), 커피 (5.0~), 천사의 크림(7.5), 수제 카라멜(2.5~) 등
**주차** 1~2대 가능
**참고** 2층 예약 가능
**근처 가볼 만한 곳** abc베이커리, 동광

프랑스 빵과 과자에 빠지게 된 이유
# 꼼다비뛰드

5년 전쯤으로 기억한다. 서울의 논현동, 7월의 강렬한 햇볕이 등줄기를 타고 땀으로 바뀌어 흐르던 계절, 동생과 함께 강남구청역과 선정릉역 사이, 동서남북 어디에서 걸어도 언덕을 타고 가야 하는 베이커리 카페 꼼다비뛰드를 처음 방문한 날은.

@comme_d_habitude

## 언덕 위까지 기꺼이 오르게 하는
## 프랑스 빵의 매력

매장은 시원했다. 일부러 냉방을 강하게 틀어 놓은 걸 금방 알 수 있었다. "저희도 언덕을 오르다 보면 찾아오시는 손님들께 죄송해요."라며 "누가 이런 곳까지 찾아올까 싶다."는 말을 하시곤 했다. 그래 정말 누가 찾아올까. 지금 생각해 보면 그땐 참 쓸데없는 걱정을 했다.

지금은 부부가 된 두 분이 운영하는 이 프랑스식 빵집은 최근 2년 정도 휴식기를 가지고 신논현역 부근에 새로 자리를 잡았다. 기본적으로 바게트를 베이스로 만든 샌드위치와 크로와상 계열의 제품들을 갖추고 있다. 거기에 다수의 마들렌과 과자류, 그리고 소량의 케이크가 전부인 곳.


## 언제나 줄 서게 하는 이유
## 바게트 샌드위치

요새는 바게트 샌드위치를 근처에서도 쉽게 찾을 수 있지만, 5년 전이나 지금이나 나는 이곳의 샌드위치를 가장 좋아한다. 종류는 다섯 가지 정도 되는데 애플브리와 그릴 샌드위치가 대중적으로 인기가 많다. 꼼다비뛰드의 마들렌은 다른 곳에서 보기 힘든 창의적인 조합과 스타일이 특징. 가령 바닐라 피칸 마들렌, 패션후르츠 바질 마들렌 등은 조합을 독특하게 가져간 예이고, 흑임자나 머스코바도 마들렌은 한 가지 재료를 다양한 텍스처로 풀어낸 예라고 할 수 있다. 그 밖의 과자들과 케이크의 섬세한 맛까지, 꼼다비뛰드의 빵에 대해서라면 끝도 없이 적어낼 수 있다. 내가 크루아상을 제대로 먹기 시작한 것도, 사브레, 마들렌, 까눌레 같은 과자들이 얼마나 매력적인지 알게 된 것도 여기서부터였다.

## 오직 한 길을 걸어온 이의
## 진심을 담은 빵집

새벽 3시 출근이 일상이 되었다는 두 분. 밤낮없이 일하는 와중에도 셰프님께선 항상 새로운 빵을 시도하신다. 질릴 법도 한데 빵에 관해 이야기를 나누어 보면 언제나 눈이 반짝반짝하신다. 내가 아는 사람 중 가장 빵 만드는 일을 사랑하는 사람. 사랑한다는 말이 정말 딱 어울린다. 든든하게 뒤를 받쳐 주는 남편분의 말을 빌리면, 빵 만드는 일 말고 다른 일은 하나도 모르고 사는 분이라고 한다.

새벽 내내 전쟁을 치르며 만들어도 빵이 오후 2시를 넘기지 못하고 동이 나는 빵집. 사장님은 솔드 아웃 되었다고 인스타그램에 공지를 올리는 것조차 조심스러워한다. 빵집에 빵이 없는 걸 자랑할 순 없지 않느냐는 사장님의 말. 나는 이 말을 듣고 정말 많은 생각이 들었다.
그래, 꼼다비뛰드는 이런 빵집이었지. 언덕을 오르는 손님의 불편함을 걱정하고, 아침부터 줄을 서는 사람들에게 항상 미안해하는, 그런 두 사람이 운영하는 빵집. 빵을 만들 때도 가볍게 넘어갈 법한 사소한 작업 하나하나 직접 손을 거쳐야 하는 그런 곳이다. 누군가는 십 년 뒤에 자식을 데려오고 싶은 빵집이라고 했다. 정말 십 년 뒤에도 꼭 이 자리에 그대로 있어 주었으면 한다. 가게 이름인 '여느 때처럼(Comme D'habitude)' 말이다.

**주소** 서울 강남구 강남대로110길 62
**영업 시간** 목·토요일 11:00~17:00(공식 인스타그램 참고), 테이블링 예약 가능
**메뉴** 마들렌(2.5~), 크로와상(3.8~), 바게트 샌드위치(7.5~) 등
**주차** 국기원 내 공영주차장

커피와 디저트 두 마리 토끼를 잡은 곳
# 이미 커피 로스터스

서울 남구로역 근처에 한 카페가 생겼다. 벽돌 건물에 나무로 이루어진 무게감 있는 인테리어를 가진 외관. 이미라는 이름을 가졌다는 것과 어디서 많이 본 듯한 디저트의 모양새에 혹시 홍대의 그 카페 '이미'인가 싶었는데, 분위기가 달라도 너무 달라 설마 했었다. 그리고 얼마 후 그 이미 커피 로스터스가 홍대 카페 '이미' 사장님의 네 번째 매장이라는 걸 알게 되었다.

**@imicoffeeroasters**

**오직 커피에 집중할 수 있는 곳,**
**이미 커피 로스터스**

이름처럼 커피를 로스팅하고 소개하는 데에 중점을 둔 곳. 내부는 네 명 정도가 앉을 수 있는 바 테이블을 놓은 것이 전부이고, 슬레이어사의 1구짜리 머신과 브루잉 드리퍼, 그라인더만이 고급스러운 자태를 뽐내며 자리하고 있다.

메뉴 역시 두 가지뿐. 커피와 커피+디저트라고 보면 된다. 전자인 비스포크 커피는 '원하는 대로'라는 뜻의 'bespoke'에서 따온 것으로 먼저 원하는 원두를 고르고, 아메리카노, 라떼, 핸드 드립 등 마시고 싶은 커피를 말하는 것으로 주문이 마무리된다. 원두에 커피 종류까지 골라야 한다고 어렵게 생각하지 말자. 사장님께서 하나하나 친절하게 설명해 주시고, 추천까지 해주신다. 그리고 페어링 디저트는 커피에 어울리는 디저트를 사장님께서 페어링 해 내어주시는 것. 이곳에서 디저트에 대한 선택권은 없다. 단지 커피만을 손님이 선택할 수 있을 뿐.


**불편함을 감수하는 이유는**
**단지 이미의 커피를 알리기 위해**

이런 불편한 방식을 고집하는 이유는 바로 이미의 커피를 알리기 위해서라고 한다. 앞선 매장들에선 디저트가 워낙 주목을 받아 커피가 상대적으로 알려지지 않았고, 그 때문에 이 매장에서는 커피 중심으로 모든 것을 맞춰 놓게 되었다고.

과연 이미의 커피는 그 수준이 높다. 일단 원두의 질이 좋고, 캐릭터를 확실하게 드러내 로스팅하기 때문에 한 모금 마셨을 때 "커피에서 어떻게 이런 맛이 나지?" 싶을 정도로 뚜렷한 개성을 느낄 수가 있다. 특히 2019~2020년에 엄청나게 유행했던 콜롬비아 엘 파라이소 리치 원두는 그 톡톡 튀는 리치향이 많은 손님을 사로잡은 커피.

디저트는 일본에서 제과를 공부한 사장님의 동생께서 직접 만드시는 것. 개인적으로 느끼기에 상당히 깔끔하고 과하지 않은 달콤함이 좋았다. 엘 파라이소 리치 커피에는 주로 페어링 되는 디저트가 딸기 몽블랑, 바닐라 러버 등의 부드럽고 상큼한 계열들. 딱 보기에도 무겁지 않은 디저트와 잘 어울리는 커피라는 걸 알 수 있다.

커피와 디저트가 모두 맛있다 보니 이 작은 카페는 사람이 몰려, 심할 때는 두세 시간을 기다리게 됐다. 결국 예약제로 운영 방식을 바꿀 수밖에 없는데, 예약이 마감되는 속도 또한 무척이나 빠르다.

음식도 좋지만 이미에 들른다면 꼭 사장님과 이야기를 나누어 보라고 권하고 싶다. 자신이 가진 것을 공유하고 손님과 대화를 통해 교감하는 일을 좋아하는 사장님이 사실 이곳의 진정한 매력이라고 할 수 있다. 지금도 카페를 창업하려는 분들에게 생존에 대한 세미나로 많은 노하우를 알리고 계신다. 나 또한 항상 배우는 게 많은 분. 이쯤 되면 이미에 대해 너무 칭찬만 늘어놓은 게 아닌가 싶지만 내게도 그럴 만한 카페 한 곳쯤은 있기 마련이다.

**주소** 서울 구로구 디지털로27길 116 101호
**영업 시간** 12:00~19:00, 일·월·화요일 휴무, 예약제
**메뉴** 비스포크 커피(7.0), 디저트 페어링 세트(13.0)
**주차** 공영 주차장
**근처 가볼 만한 곳** ㅊㅅㄷ, 소하 고택
**참고** 홍대 입구의 이미커피는 이곳과 반대로 디저트 중심의 페어링을 선보이며, 예약제가 아니라서 좀 더 편하게 방문 가능

모과나무 아래서 쌓아가는 추억
# 오가닉 모가

대구의 카페를 알아보던 중 가장 눈에 띄었던 오가닉 모가. 가운데 모과나무가 자라는 마당을 가진 독특한 분위기의 주택 개조 카페인데, 디저트까지 맛있다고 하니 관심이 가지 않을 수가 없었다. 더군다나 이곳의 예전 매장인 카린상점의 디저트를 맛있게 먹었던 기억을 가지고 있었으니 말이다. 도착하니 기와가 보이는 한옥 건물의 뒷모습이 먼저 보인다. 옆으로 자그마한 돌길을 깔고 낮은 나무 문을 세워 놓은 멋진 입구다.

@organicmoga

## 도심 속에서 마주친
## 목가적인 분위기의 공간

가지 사이로 빛이 들어오는 모과나무를 가운데에 두고 마당 주변으로 메인 카페 건물과 별채가 자리를 잡았다. 어두운 톤의 목재를 사용한 외벽에 흰색과 하늘색의 타일이 포인트가 되어 준다. 군데군데 작은 나무를 심고 느슨하게 야외 테이블을 놓아 목가적인 분위기를 자아내는 곳. 안에선 도심의 모습이 많이 가려져 멀리 떨어진 다른 세상에 와 있는 듯한 느낌이 든다.
내부는 정면에 카운터가 있고, 오른편으로 테이블이 놓인 구조. 나는 큰 테이블을 피해 벽 쪽 창가 자리에 앉았다. 상대적으로 별채 쪽의 방은 좀 더 프라이빗하고 아늑한 공간. 자리마다 특색이 확실하다. 떨어진 모과를 담아 놓은 바구니와 꽃을 꽂아 둔 양철통, 작은 램프, 화분…. 자연스럽게 자리한 사물을 바라보는 것만으로도 따스함을 느낄 수 있는 오가닉 모가.


## 따스한 분위기 속에서
## 마주한 차분한 미소

테이블 위의 메뉴판에 그려진 모과나무도 어딘지 모르게 감성적으로 다가온다. 메뉴판에서 음료를 정한 후, 디저트는 카운터의 쇼케이스에서 선택해 주문하는 방식. 먹고 싶은 디저트가 많다. 시그니처 메뉴인 레드벨벳 케이크를 일단 고른 후 단호박 파운드 케이크를 하나 포장했다. 자주 갈 수 없는 곳을 혼자 올 때는 더 먹을 수 없음이 아쉬울 뿐이다. 백차를 주문하며 차게 먹을지 따뜻하게 먹을지를 고민하다 차갑게 해달라고 하니 주문을 받던 직원분께서 웃으면서 시원한 게 좋을 거라고 말씀해 주신다. 별거 아닌 한마디인데, 그 차분한 미소에 마음이 따뜻해진다.

### 창밖 풍경에 달콤한 디저트까지
### 더 바랄 게 없는 휴식

조용한 음악이 흐르는 오가닉 모가. 창을 통해 바라다보이는 풍경이 마음을 어루만져 주고, 마침 놀러 온 아가 손님의 아장아장 걸어 다니는 움직임에 나도 모르게 입가에 웃음이 번진다. 입에 머금은 백차의 시원한 과일 향과 청량감이 남아 있는 근심까지 싹 씻어 내려 준다. 거기에 달콤한 디저트를 더하니 나에겐 더 바랄 게 없는 휴식. 특유의 붉은색이 감도는 레드벨벳 케이크는 쫀쫀하고 촉촉한 식감으로 먼저 입안을 자극하고, 크림치즈 필링의 부드러운 맛으로 마무리를 짓는다. 무게감이 있는 케이크인데 단맛이 아주 강하진 않다. 크림치즈마저 끝이 살짝 새콤한 정도라 부담 없이 들어간다. 그러고 보니 단호박 파운드는 더욱 담백했다. 호박 삶은 것이 그대로 들어간듯 부드러운 질감과 건강한 맛이 도드라졌다.

메뉴판에 작게 적혀 있는 '사진보다는 눈으로 추억을 쌓아가시길 바랍니다.'라는 문구가 퍽 와 닿는다. 이미 사진이 직업병 아닌 직업병이 된 나라지만 카메라를 한 번쯤은 내려놓고 모과나무와 한옥 그리고 정성스레 만든 음식이 주는 행복감을 누려 보고 싶은 공간이었다.

**주소** 대구 중구 동덕로 48-5
**전화** 0507-1372-4554
**영업 시간** 12:00~22:00, 화요일 휴무
**메뉴** 레드벨벳 케이크(6.0), 백차(5.0), 단호박 파운드 케이크(5.0)
**주차** 가능
**근처 가볼 만한 곳** 이에커피 공간, 낫온리북스, 마일스앤로지, 모남희(와인숍)

우리밀 빵에 진심입니다
## 우리밀 제빵소 레헴

5년도 더 지난 이야기다. 당시엔 집 근처 동네 빵집의 빵만 소소하게 찾아 먹던 시절. 동생이 맛있는 빵집을 가자며 데리고 간 곳은 안양의 범계역 근방이었다. 나는 도대체 왜 거기까지 찾아가야 하는지를 납득할 수 없었고, 이른 오후 거의 품절에 가까운 그 빵집의 빵을 보고도 솔직히 이해할 수가 없었다. 그럼에도 그렇게 사온 빵 한두 개의 맛은 예상 밖이었고, 그 이후 레헴은 꾸준히 방문하는 빵집이 되었다.

@lehem_sz

## 우리밀, 그중에서도 엄선하여
## 고른 밀로 만든 빵

지금은 사장님의 고향인 대구 다사읍으로 내려가 매장을 운영 중인 레헴. 우리밀 빵을 전문적으로 판매하고 계신다. 단순하게 우리밀이라고 하면 '국산이니 좋은 거 아냐?'라고 생각하기 쉽겠지만, 애초에 우리밀은 제빵을 목적으로 길러진 품종이 아닌 경우가 많기에 원하는 식감과 맛을 가진 빵을 만들어 내기가 쉬운 재료는 아니다. 그래서 레헴의 사장님께선 우리밀 중 가장 작업성이 좋다고 하는 홍순영 농부님의 금강밀 등을 직접 제분해 빵을 만들고 계신다.

## 가족을 사랑하는 마음에서
## 레헴의 빵이 탄생했다

매장에 들어가자마자 보이는 것은 바로 제분기. 그 뒤에 놓인 칠판에는, 반죽에는 버터, 계란, 우유, 설탕 등이 들어가지 않는다는 내용과 아들인 아인이에게도 마음 놓고 먹이는 빵을 만든다는 내용이 적혀있다. 예전부터 보아온 사장님께선 가족을 무척이나 아끼시는 분. 빵의 이름에서도 아내분인 '은비가 좋아하는 빵', '장모님이 좋아하는 빵' 등을 볼 수 있다. 레헴에서 중점적으로 판매하는 빵은 우리밀로 만든 식사용 빵. 특히 통밀 전립분으로 만든 '치유의 빵'이라는 이름처럼 건강한 빵이 시그니처라고 할 수 있다. 레헴의 조성수 셰프님께선 이 빵을 만들며 다양한 밀을 건조하고 제분하는 과정과 우리밀을 재배하는 농부와 소통하는 이야기 등을 직접 블로그에 담담하게 적어 놓으셨다.

## 밀 자체의 담백 구수한 맛과
## 속재료의 풍부함이 주는 매력

제법 폭신한 식감을 가진 레헴의 빵. 거칠고 단단하기보다는 수분감이 느껴지는 식감을 가지고 있다. 밀 자체에서 느껴지는 담백 구수한 맛 또한 특징. 식사용 빵에서 밀 자체의 맛을 느낄 수가 있다면, 속재료가 채워진 빵은 반전매력처럼 속재료의 맛을 아주 풍부하게 느낄 수 있다. 밤과 병아리 콩, 달콤한 크림치즈가 들어간 '밤콩밤콩', 크랜베리와 새콤한 크림치즈가 들은 '은비가 좋아하는 빵', 견과류와 과일이 가득한 '장모님이 좋아하는 빵' 등은 대표적인 인기 메뉴다.

이제 레헴에서는 빵뿐만 아니라 커피와 디저트 또한 판매하고 있다. 이 또한 연구를 깊게 하신 사장님. 언제나 부지런하시다는 말이 절로 나온다. 예전에 내게 서글한 미소를 보이시며 제분기를 소개해 주시던 참 한결같은 분. 좋은 빵을 만들 뿐만 아니라 어려운 이들에게 베풀기도 하는 따뜻한 마음씨까지 지니셨다.

최근 몇 년 만에 레헴에 들렀던 날. 오랜만에 들렀음에도 셰프님은 어떻게 나를 기억하고 계셨을까? 누군가 나를 기억하고 있다는 것은 무척이나 반가운 일이다. 하지만 그보다 더 뿌듯했던 순간은 내가 기억하는 빵집의 빵이 그리고 사람이 아직 그대로라는 사실을 다시 느낀 순간이었다.

**주소** 대구 달성군 다사읍 대실역북로2길 137
**영업 시간** 11:00~19:00, 일·월요일 휴무
**메뉴** 치유의 빵(7.0~8.0), 밤콩밤콩(5.0), 은비가 좋아하는 빵(5.5), 장모님 통밀빵(5.0) 등
**주차** 매장 근처
**근처 가볼 만한 곳** 폭스브롯, 두 낫 디스티브 세천

과일과 커피 그리고 취향
# 모을 & 선과점

새로 문을 여는 카페를 찾아내는 과정은 보물찾기와 비슷하다. 어떻게 알고 찾아가느냐고들 물어보지만, 그저 뒤지고 또 뒤지는 노가다의 산물일 뿐이다. 선과점에 들를 때도 그러했다. 새로 여는 곳이라는데 정보가 없었다. 단편적으로 보이는 커피와 과일 그리고 나무로 만든 식기뿐.

@moeul_ @seongwa_grocery

### 과일과 커피,
### 익숙하지만 익숙하지 않은 조합

지금은 두 번째 문을 연 공간인 모을에 계시는 당시 선과점의 사장님. 외모와 말투에서 풍기는 단정함 덕분에 선과점의 첫인상은 더 차분하고 조용해 보였다. 손으로 직접 만든 메뉴판, 핸드 드립 커피에 토마토, 홍시, 바나나 등의 과일을 곁들인 구성. 과일을 전면에 내세운 카페도 보통 디저트로 만들어 팔기 마련인데, 이렇게 과일 자체만을 파는 공간은 처음이었다.
과일을 팔게 된 연유를 여쭤 보니 "집에선 다들 이렇게 먹지 않아요?"라며 뜻밖에 퍽 심심한 답변을 내어놓으셨다. 그러고 보니 어머니가 썰어 주신 과일에 믹스커피 한 잔은 누구에게나 익숙한 조합이겠지. 어릴 적부터 과일 가게를 해보고 싶었기에 이렇게나마 꿈을 이뤘다는 말도 덧붙이셨다.


### 오직 한 사람의 색으로
### 가득 채워진 공간

가구, 기물 등의 배치가 놀랍도록 섬세하게 꾸며진 카페, 선과점과 모을. 사장님께선 원래 이런 물건을 모으고 집을 꾸미는 일에 관심이 많으셨다고 한다. 집에서 직접 쓰던 물건을 가져다 놓았을 뿐이라고. 테이블이며 식기에서 사장님만의 취향이 묻어난다. 짙은 색의 목재, 도자기 접시, 심플한 디자인의 수납장과 테이블, 전등이며 바구니 하나하나까지 어떻게 이렇게 한 사람의 색으로 가득 채워질 수가 있을까?
이 공간에서 핸드 드립 커피를 내리는 사장님의 모습과 조용하게 떨어지는 물소리, 흘러나오는 옛 음악, 책과 작은 물건들 속에 푹 빠져 있다 보면 나도 모르게 이 고즈넉한 분위기에 동화되고 만다.

머물고 싶은 공간,
그 여유와 편안함

분위기 덕분인지 혼자 조용하게 책을 읽거나 자기만의 생각에 빠져 있는
손님이 많은 두 카페. 나 역시도 처음 이 작은 공간에서 받은 감동을 잊지 못해
꾸준히 방문하고 있다.
설탕 뿌린 토마토, 고구마 맛탕, 설탕을 그을린 바나나. 물론 수박이나 귤,
홍시 등은 그냥 먹어도 충분한 과일이니 예쁘게 담아서 내어주신다. 커피 컵에
무심한 듯 큰 덩어리째로 넣은 각얼음까지 감성적으로 다가오는 곳. 이러한
분위기 때문인지 집에서 먹을 때보다 과일 맛이 좋게 느껴진다.


핫플레이스라고 불리는 카페들의 웅장함이나 꽉 짜인 분위기와는 다른
편안함, 안정감, 여유. 그러한 것들이 모을과 선과점에는 흐르고 있다. 덕분에
이곳에 한번 오면 나가고 싶지가 않다.
내게 사진의 결과물을 보았을 때 희열을 느끼지 않냐며, 자신은 공간의
결과물을 보았을 때 희열을 느낀다고 사장님께서 말씀하신 적이 있다. 물건을
모으고 공간을 꾸미는 것을 좋아하는 이분께선 또 어떠한 공간을 만들어
내실까 기대가 된다. 이미 나는 그의 빅 팬이 되어 버렸으니 말이다.


**모을**
**주소** 서울 마포구 월드컵로 19길 71 3층  **영업 시간** 12:00~21:00, 영업 시간 및 휴무일은 인스타그램 참고
**메뉴** 드립 커피(5.5), 차(6.0), 과일(2.8~), 모을의 하루(4.5)
**주차** 불가  **근처 가볼 만한 곳** 투떰즈업, 키오스크
**선과점**
**주소** 서울 은평구 갈현로 7가길 11  **영업 시간** 12:00~20:30, 휴무일은 인스타그램 참고
**메뉴** 모을과 동일  **주차** 불가  **근처 가볼 만한 곳** 로라, ym coffee project, 잔원

평범한 사람이 모여 만든 평범하지 않음
# 오디너리핏

오디너리핏 팀의 첫 만남은 그렇게 이루어졌다. 3평 남짓한 공간에 포장 전문 샌드위치 가게를 구성하기 위해 만들어진 자리. 나는 마지막 멤버로 합류했다. 3평이 어쩌다가 3층이 된 걸까? 샌드위치 가게가 어쩌다 브루잉 바까지 갖춘 카페가 된 걸까? 돌아보면 그저 신기할 따름이다. 개성이 뚜렷한 사람들의 만남. 예를 들면 나는 빵과 SNS(인스타그램) 영역. 전반적인 실무나 계약관계, 커피 등의 음료, 디자인이나 콘셉트, 설계까지 다른 팀원들도 각자의 영역에 대한 지식과 경험이 풍부했다.

@ordinary.pit

## 오래된 연희동 주택에
## 고급스러움을 접목

오디너리핏의 1호점은 서울 연희동 주택을 고친 공간에 자리를 잡았다. 주택 전체를 사용할 수는 없었기에, 1층을 포기하고 루프탑 테라스를 최대한 살릴 수 있는 3층에 카페를 차리는 모험을 감행했다.

그리고 그 결정은 탁월했다. 서울의 연희동이 한눈에 내려다보이는 전망을 가진 공간은 근처 어디에서도 찾아볼 수 없는 우리만의 특징이 되었다. 거기에 더한 게 바로 브루잉 커피. 핸드 드립 커피를 제공 받을 수 있는 브루잉 바를 설치해 오래된 연희동 주택의 예스럽고 고급스러운 분위기에 자연스럽게 녹아들었다.

브루잉 커피와 곁들일 수 있는 먹거리로는 샌드위치와 쿠키, 치즈케이크, 휘낭시에 등이 있다. 샌드위치 매장을 하기 위해 모인 팀이니만큼 처음에 개발한 메뉴는 잠봉뵈르. 프랑스에서 주로 먹는 돼지 뒷다릿살 햄에 버터를 더한 바게트 샌드위치다. 여기에 직접 레시피를 개발해 만든 바질 할라피뇨 잼을 더하고 찍어 먹을 수 있는 갈릭 마요네즈까지 곁들였다. 매콤달콤한 데다 부드러운 맛까지 있어 호불호를 거의 타지 않는다.

새로운 메뉴는 지금도 계속 개발 중이다. 시그니처가 될 디저트는 오디너리핏이 꼭 정복해야 할 과제 중 하나.

## 서울 연희동에서 시작해,
## 역삼동과 부산까지

이제는 부산 달맞이길에 2호점, 서울 역삼동에 3호점까지 확장을 하게 된 오디너리핏. 부산점은 전시와 가구 쇼룸을 겸하는 공간에 자리한

복합문화공간. 역시 바다가 내려다보이는 루프탑의 전망이 무척이나 아름답다. 역삼 매장은 오피스 상권에 어울리는 모던한 카페. 메뉴의 구성도 앞의 두 매장과 다르게 기획했다. 덕분에 작업하는 사람, 직장인들이 찾기에 좋은 공간이 되었다.

팀의 이름이자 매장명이 된 오디너리핏(Ordinary people in there). 평범한 사람들의 모임이자 평범한 사람들이 오가는 공간이라는 이중적인 의미를 담았다. 항상 그렇지 않던가. 특별함은 평범함이 모였을 때 비로소 만들어진다. 나는 아직도 첫 매장 오픈 전, 식기에 붙은 스티커를 떼고 바닥을 쓸며, 이 공간을 어떤 분들이 채워 줄지를 두근거리는 마음으로 상상해 보던 때가 생생하게 기억이 난다. 손님으로만 방문하던 카페를 직접 차려 보니 몰랐던 많은 부분을 알게 되었다. 팀원들의 도움이 없었다면 할 수 있었을까? 새삼스럽지만 지면을 통해서나마 다시 한번 감사를 드리고 싶다.

**연희점**
**주소** 서울 서대문구 연희로11가길 48-23 3층 **영업 시간** 12:00~20:00
**메뉴** 브루잉 커피(6.0~), 잠봉뵈르 샌드위치(11.0), 쿠키(3.8) 등 **주차** 불가
**근처 가볼 만한 곳** 푸어링 아웃, 더니 커피, 디폴트밸류
**부산점**
**주소** 부산 해운대구 달맞이길65번길 148 3층 무브먼트랩 1층 **영업 시간** 11:00~19:00, 월요일 휴무
**메뉴** 아메리카노(6.0), 잠봉뵈르 샌드위치(11.0), 쿠키(3.8) 등 **주차** 근처 공용
**근처 가볼 만한 곳** 라이프 커피, 미죠떼
**역삼점**
**주소** 서울 강남구 역삼로 180 **영업 시간** 08:00~20:00, 주말·공휴일 휴무 **주차** 불가
**메뉴** 아메리카노(4.5), 잠봉뵈르 샌드위치(7.5) 등. 위의 두 매장과 재료 및 사이즈 다름

cafe & bakery

@soulbreads_1

@choi_goya_

@paindeecho

@uglybakery

@_lucky_bakery

@tata_espressobar

@patisserie_sona

@gaonbakery

@standard_of_bread

@dessert_cinema

@simplybreadilsan

@chef_junholife

@urbanmellow_

빵

**Bread**

영혼이 담긴 빵집
# 소울 브레드

서울에서도 구석진 동네, 우면동. 양재역에서도 마을버스를 타고 들어가야 하는데, 찾아가다 보면 정말이지 장인이 숨어 계실 것만 같은 느낌이 든다. 아파트 단지의 상가를 끼고 돌면 자그마한 입간판이 고개를 내미는데, 그때의 무방비 상태에서 느껴지는 구수한 빵 내음은 온 후각을 사로잡아 버린다. 빵을 좋아하지 않아도 유혹당할 수밖에 없는 순간이 바로 이때.

@soulbreads_1

**밥 대신 먹는 담백한 식사 빵**
**그 무한대의 매력**

우리밀, 사워도우, 무반죽법으로 빚는 빵. 아직도 빵이라고 하면 식사보다는 간식으로 많이 인식하고 있지만, 이곳의 빵은 밥 대신 먹는 담백한 식사용 빵들이 주를 이룬다. 물론 유명해진 데에는 다양한 크림치즈가 두툼하게 올라간 조금은 자극적인 빵의 지분도 크긴 하다. 하지만 그것도 베이스가 되는 빵 맛이 좋아서 더욱 맛있게 느껴지는 것이다.

자그마한 실내, 그리고 유독 눈에 들어오는 커다란 오븐. 화덕을 연상케 하는 이 오븐에서 빵이 구워져 나올 때, 훅 하고 다가오는 열기를 마주했던 지난 여름날은 아직도 기억이 생생하다. 지금은 사람이 많아 이 좁은 공간이 꽉 들어찰 때도 잦지만, 전엔 한적한 광경과 구수한 빵 그리고 서글하신 셰프님이 어우러져 그 나름의 분위기를 자아내곤 했었다.

각종 첨가제를 사용하지 않고, 앉은뱅이 통밀과 호밀 그리고 우리밀을 사용해 만드는 건강한 빵. 비슷한 문구를 내걸고 건강 빵을 파는 곳이야 많고 많지만 소울브레드의 빵엔 셰프님의 손길이 묻어 확실한 차이를 가지고 있다. 처음엔 그저 구수하고 거칠기만 한 맛으로 느껴질 수도 있겠지만, 어느 순간 그게 맛있게 다가온다면 솔깃하지 않을까? 자극적인 빵만을 찾던 나도 이제는 자꾸만 생각나 들르고 있다.


**오직 이곳에서만 만날 수 있는**
**기발한 크림치즈의 맛**

앞에 잠깐 언급했던 다양한 크림치즈 샌딩빵. 배스킨라빈스가 라이벌이라고 셰프님이 농담으로 말씀하신 적이 있을 만큼 그 종류가 다양하고 독특해 골라 먹는 재미가 쏠쏠하다. 계절이나 월별로 제철 재료들을 이용해 크림치즈를 만드니 종류가 계속 바뀌어 갈 때마다 새로운 곳.

신기했던 크림치즈 몇 가지를 나열해 보자면, 올리브와 바질 그리고 갈릭(마늘)이 들어간 '올바갈 크치', 김밥 먹는 맛이 크림치즈에서 느껴져 신기했던 '돌김 크림치즈', 독일의 전통 빵인 슈톨렌을 크림치즈로 해석한 것까지 셰프님의 아이디어는 참 기발한 게 많다.

무반죽법으로 빵을 만드는 곳이지만 사실 처음 방문할 때는 그게 정확히 무엇인지는 몰랐었다. 지금도 방법 특성상 장시간 발효를 해야 하고 덕분에 글루텐 형성이 적다는 정도만 알 뿐이다. 쉽게 알 수 있는 소울브레드의 빵의 다른 점이라면 식감적으로 수분을 많이 가지고 있다는 점과 거친 질감임에도 속이 참 부드럽다는 것. 그 때문에 먹기에 부담이 적고 소화 또한 잘 된다는 점. 사워도우의 풍미가 짙어 끝에 시큼함이 강하게 남는 것 또한 특징이다.

좁은 작업실의 무더운 열기와 장인정신으로 만들어지는 소울브레드의 빵엔 무반죽법이라는 독특한 방법을 오래 연구한 셰프님만의 노력이 고스란히 녹아 있다. 때문에 복잡한 도심보다는 우면산 근처 아파트 단지 한쪽의 자그마한 가게가 어울리는 게 아닐까 싶다.

**주소** 서울 서초구 바우뫼로7길 27
**전화** 070-4235-4748, 예약 가능
**영업 시간** 12:00~20:00, 토요일 17:00까지, 일·월·화요일 휴무
**메뉴** 크림치즈 브레드(5.0~), 버터 프레즐(3.5) 등
**주차** 아파트 상가
**근처 가볼 만한 곳** 프릳츠 양재, 루엘드 파리

bread 112

두 시간 거리도 감수하는 동네 빵집
# 초이고야

오래 전 시험을 보러 서울 천호동에 들른 적이 있었다. 항상 어딘가를 가면 근처의 빵집부터 검색해 보는 습관이 있어 시험이 끝난 후 멀지 않은 군자동의 제법 유명한 베이커리로 부랴부랴 찾아갔다. 다음에 방문할 일이 또 있을까 싶었던 이곳, 초이고야는 이제 나의 빵 라이프에서 빼놓을 수 없는 가게가 되었다.

@choi_goya_

**매일매일 찾아가고 싶은
친근한 동네 빵집**

지금은 군자에서 이전해 서울 방배동에 자리를 잡았다. 전 매장과 마찬가지로 통유리로 된 외관을 가졌고, 들어가자마자 오른쪽으로 빵을 진열해 놓은 쇼케이스와 만날 수 있다. 와인색 벽면이 고급스러움과 깔끔한 느낌을 동시에 주는 인테리어. 창밖이 바라보이게 테이블을 놓아 자리도 확보했다.
이전하면서 빵의 종류는 더욱 다양해졌는데, 특히 크로와상 계열의 파이류가 늘어났다. 프랑스의 질 좋은 레스큐어 버터를 사용해 만든 크로와상, 뺑아망, 뺑오쇼콜라 등이 한쪽 자리를 채우기 시작했고, 기존의 인기 메뉴인 스콘이나 에그마요, 매콤소시지 등도 여전하다. 물론 담백한 하드 빵도 빼놓을 수 없다. 시그니처인 치즈바게트를 위시한 각종 바게트나 쑥 깜빠뉴 등도 있고, 동네 어르신을 위한 맞춤 메뉴로 밤식빵과 팥빵도 내놓고 있다. 그밖에 브리오슈, 샌드위치에 과자류까지 그 스펙트럼이 넓다.

**옛날 빵집의 아련함 속에
요즘의 트렌드까지 충실히 담아내는 노력**

풍성한 진열대를 가진 옛날 빵집과 닮아 있지만, 하나하나 뜯어 보면 요즘의 스타일이 충실히 반영된 트렌디한 모습. 어렸을 때부터 제빵을 시작하신 덕분에 많지 않은 나이에도 경력이 오래된 최은영 셰프님께 이쯤 되면 빵 만드는 작업이 즐겁다기보단 '일'이 아닐까 싶은데, 막상 또 그렇지는 않은 모양이다. 다른 분들 말로는 '뭐만 들어오면 다 빵으로 만든다.'고 하니 그 열정이 정말 대단하다.

빵과 크래프트 맥주의
색다른 조합까지

초이고야에는 커피나 티 종류도 준비되어 있다. 성북동 리이케의 원두를 쓰고 있는데 아는 사람은 알겠지만, 무척 수준 높은 커피를 선보이는 카페인지라 셰프님의 커피 셀렉트가 얼마나 섬세한지 알 수 있는 부분이다. 또 신기하게도 무려 크래프트 맥주가 갖추어져 있는 게 초이고야의 특별한 점. 빵과 커피는 그렇다 쳐도, 빵과 맥주라니? 의외라고 생각할지 모르겠지만, 빵과 맥주는 생각보다 잘 어울린다. 튀긴 안주보다 기름지지 않아 깔끔하고 짭짤한 빵뿐만 아니라 고소하고 달달한 빵 또한 맥주와 궁합이 괜찮다.

빵 하나하나의 맛을 적지 않은 이유는 콕 집어서 무엇을 먹어 보라고 하기가 어려울 만큼 다양한 빵이 맛있기 때문이다. 개인적으로 좋아하는 건 바질 바게트와 통밀 스콘, 초코넛 스틱, 쑥 깜빠뉴 그리고 새로 나온 꿘아망 등.

초이고야가 군자동에 있던 시절, 동생은 가는 데만 두 시간이 걸리는 그곳을 일주일에 몇 번씩이나 들렀다. 당시로는 그걸 이해할 방법이 없었지만 혼자 이렇게 이 빵집을 찾고 있는 요즘, 동생의 말이 이해 가기 시작했다. 과하게 트렌디하지도 않고 뒤떨어져 촌스럽지도 않은 지금의 20~30대가 생각하는 베이커리. 그 편안한 기운이 초이고야에 깃들어 있다.

**주소** 서울 서초구 방배로20길 11
**영업 시간** 10:00~20:00, 월·화요일 휴무, 인스타그램 참고
**메뉴** 빵(3.0~5.0), 커피(4.0~)
**주차** 불가
**근처 가볼 만한 곳** 오리에, 태양 커피, 메종엠오

신의 바게트라는 이름을 가진 곳
# 뺑드에코

2년 전쯤 성수동에 새로 자리를 잡은 뺑드에코. 지금은 상점가가 즐비한 거리로 자리를 옮겼지만, 당시에는 주택가 골목 쪽에 있어 이런 곳까지 사람들이 찾아오려나 싶었던 빵집이었다. 물론 그건 나만의 완전한 착각이었지만 말이다. 뺑드에코는 양평의 유명한 카페인 테라로사에서 베이커리 총괄이셨던 김동일 셰프님께서 내신 베이커리다.

## 빵쟁이가 만드는
## 진짜배기 빵

내가 이곳에 처음 들렀던 날, 빵을 보고 가장 처음 든 생각은 '진짜구나'였다. 담백한 식사용 빵을 주로 파는 매장. 주력은 바게트와 각종 통호밀 계열의 하드 빵이다. 무엇이 나를 끌리게 했는지는 모르겠다. 오픈 초기엔 이만큼 메뉴가 다양하지는 않았다. 그래도 사람은 촉이라는 것이 발동하는 순간이 있다. 물론 그것은 몇 번의 재방문을 통해 다듬어져 간다. 그리고 이 가게는 처음부터 지금까지 계속 처음과 같은 인상으로 내게 남아 있다.

유심히도 빵을 골랐나 보다. 메뉴판도 꽤 오래 살펴보는 모습이 조금 업계 사람처럼 보였는지, 셰프님께서 슬쩍 빵쟁이냐고 물어 보신다. 빵쟁이, 친숙한 단어다. 항상 셰프님은 자신을 빵쟁이라고 하신다. 내가 들를 때면 언제나 바쁘신 와중에도 서글하게 웃으며 이런저런 이야기를 나누어 주신다. 항상 고맙다.


## 구수하고 시큼한 호밀빵,
## 다른 가게에서도 사랑 받는 바게트

'뺑선형쓰'라는 통호밀빵은 뺑드에코의 시그니처 같은 빵. 통밀과 호밀 반죽에 아몬드, 피칸, 호두, 건포도 등을 넣어 구웠다. 처음 이 빵을 먹었을 때 자극적이지 않은 빵의 매력이 바로 이런 거구나 싶었다. 밀도감을 가진 구수하고 시큼한 빵. 거기에 고소한 견과류와 과일류의 단맛이 더해진다. 계속 집어 먹게 된다. 당연히 속도 편한 빵이다.

넛츠 호밀 100% 빵도 매력적이다. 호밀 100% 빵은 부푸는 게 적어 아주 밀도가 높고 묵직하다. 부피 대비로 포만감이 높은 빵. 호밀은 기본적으로 시큼한데, 호밀 100%는 정말 강력하다. 그게 좋다. 거기에 단맛을 더하지 않았다. 피칸, 헤이즐넛, 아몬드 등의 견과류가 들었는데, 특히 피스타치오가 잘 어울린다. 거기에 참깨와 흑임자를 넣어 고소함을 더 살렸다. 보통 이런 빵엔 단맛이 나는 재료를 넣을 법도 한데, 단 빵을 좋아하지 않으신다는 셰프님의 특성이 확 드러나는 빵이다. 구워서도 먹어 보자. 호밀빵은 바삭하게 겉을 구워 내면 그 식감과 맛이 더욱 좋다.

가장 유명한 이곳의 바게트 또한 르방의 시큼한 풍미가 뒤에 남는다. 담백하지만 이 끝 맛이 구수하게 올라와 맛을 꽉 잡아 주는 느낌. 이 바게트의 매력은 그냥 먹어도 충분하지만, 샌드위치나 다른 식재료들과 조합했을 때 확연하게 드러난다. 정말 좋은 베이스가 되어 준다. 그래서인지 점점 이곳의 바게트를 사용하는 샌드위치 매장이 늘어나고 있다. 그저 환영이다.

셰프님이 언젠가 나에게 해주신 말씀. 작은 가게를 돌아다니며 소개해 주니 좋은 일 하는 거 아니냐고. 그저 부끄러워 쥐구멍에라도 숨고 싶었다. 자기야 어떻게든 먹고는 사니 다른 가게들이 잘 됐으면 좋겠다고 매번 말씀하신다. 정작 하시는 일의 강도를 들어 보면 보통 일이 아닌데 말이다. 나는 이곳에서 빵 말고도 많은 가치를 얻어가고 있다. 빵에도 사람에게도 배울 점이 많은 베이커리, 뺑드에코.

**주소** 서울 성동구 연무장길44 2층
**전화** 010-3510-4730
**영업 시간** 11:00~19:00, 월·화요일 휴무
**메뉴** 빵선형쓰(8.0), 신의 바게트(3.9), 통밀, 호밀빵(8.0) 등
**참고** 예약·택배 가능
**주차** 불가
**근처 가볼 만한 곳** 브루잉 세레모니, 코코카이, 큐뮬러스

망원동 빵대장님의 톡톡 튀는 빵
# 어글리 베이커리

어글리 베이커리의 사장님께선 예전부터 꾸준히 본인이 만드는 빵의 사진과 동영상을 인스타그램에 업로드 해오셨다. 무려 4년 이상 꾸준하게 해온 셈이다. 이렇게 본인의 매장을 차리기 전부터 사람들에게 기대감을 심어 놓았으니 이곳이 문을 열자마자 사람들로 북적였던 건 어찌 보면 당연한 일이다.

**@uglybakery**

유명세
그 이상의 빵집

망원동에서 가장 유명한 빵집은 이영자 씨의 맛집으로도 잘 알려진 어글리 베이커리라고 할 수 있다. 망원동 내에서 확장 이전을 한 번 한 빵집이다. 모자를 쓴 익살스러운 캐릭터가 그려진 간판이 눈에 띄는 2층 벽돌 건물의 매장. 이 자리로 넘어오면서 규모가 커진 덕에 먹고 갈 수 있는 좌석도 제법 확보되어 있다. 큰 창과 깔끔한 우드 계열의 인테리어로, 진열대와 쇼케이스에 빵이 들어 있어 원하는 메뉴를 말하면 직원들이 담아 주는 시스템.
사장님의 유쾌한 성격만큼이나 재미난 빵이 많은 집이다. 꾸준히 새로운 빵이 생겨나고 사라지고 있지만, 최근에는 다양한 맛의 앙버터와 이영자 씨가 방송에서 소개해 유명해진 감동의 대파빵, 마늘빵 그리고 여러 가지 맛의 크림빵이 인기가 많다.
그 외에도 케이크와 과자류에서 조리빵, 속재료를 채운 하드 계열 빵까지 전체적으로 무엇을 발라 먹어야 하는 담백한 식사 빵보단 그 자체로 풍부한 맛을 가진 빵들이 주류를 이루고 있는 베이커리다.


유쾌한 성격에서 나오는
재미난 아이디어의 빵들

가장 유명한 감동의 대파빵을 예로 들면, 깜빠뉴 사이사이에 칼집을 넣고 바질페스토, 크림치즈, 대파 등을 푸짐하게 넣은 조합. 그 위에 또 치즈를 올려 구워 냈다. 그래서 대파의 향과 풍미가 먼저 입맛을 돋우고, 크림치즈의 부드러운 맛과 바질페스토와 치즈의 짭조름한 맛, 특유의 풍미가 그 뒤로 이어지는 빵이다.

앙버터는 예전부터 두툼하게 들은 저 팥앙금에 은근 마니아층이 많은 메뉴. 단맛이 아주 적고 팥 자체의 구수한 맛이 진해, 가득 들은 크림치즈에서 올라올 수 있는 느끼함을 잘 잡아 준다. 곁들이는 크림치즈는 고구마, 흑임자, 단호박, 쑥 등 그 맛이 다양해 골라 먹는 재미도 있다. 심지어 쿠키 버전도 나온다. '쑥스러워요', '임자 있어요', '쿠앙쿠앙' 같은 재미난 이름을 보면 특히 나 같이 호기심 가득한 빵돌이는 사지 않고 버틸 수가 없는 앙버터. 크림빵도 역시 그 종류가 무척 많다. 부드러운 커스터드 크림을 베이스로 맛을 냈는데 말차, 흑임자, 단호박, 얼그레이 등은 당연하고 심지어 민트초코 맛까지 출시되었다. 전체적으로 당도보다는 각각 재료의 맛이 강해 개성이 확실하다. 크림이 빵빵하게 가득 든 건 당연하고.

종종 찾아갈 때마다 밝은 기운이 가득한 빵집, 어글리베이커리. 익살스러운 캐릭터에서 사장님의 웃는 모습이 겹쳐 보이기도 하는 곳이다. 다양한 시도가 꼭 진지하고 무거워야 할 필요는 없다.

**주소** 서울 마포구 망원동 400-1 2층
**전화** 02-338-2018
**영업 시간** 12:00~21:00, 월·화요일 휴무, 택배 가능
**메뉴** 감동의 대파빵(6.3), 앙버터(4.0~4.2), 크림빵(3.2~3.4)
**주차** 망원시장 공영 주차장
**근처 가볼 만한 곳** 하이놀리, 투떰즈업, 라베리타

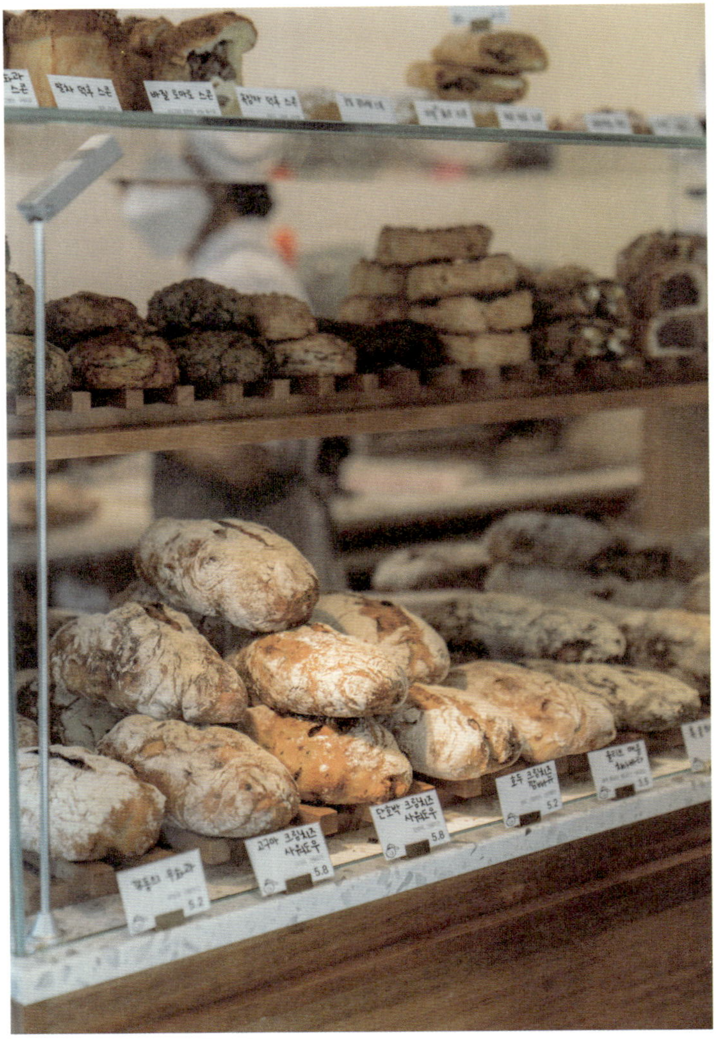

5.2
고구마 크림치즈 사워도우
5.8
단호박 크림치즈 사워도우
5.8
호두 크림치즈
5.2

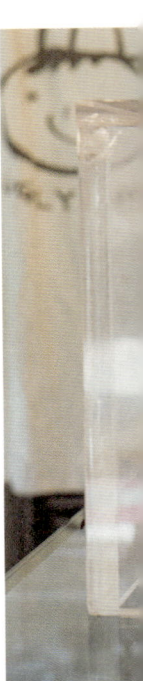

## 럭키 베이커리 & 타타 에스프레소바
@_lucky_bakery @tata_espressobar

부산 수영역에서 길을 따라 조금 들어가다 보면 옛 시장을 연상시키는 작은 골목이 나타난다. 그 중간쯤에 있는 빵집, 럭키 베이커리 그리고 맞은편의 카페, 타타 에스프레소바. 어릴 적 시장 빵집을 주로 가던 나에게는 외려 정겨운 느낌이 들어 아직 두 곳의 음식을 먹어 보기 전인데도 괜히 마음에 들었다.

작은 나무 의자 두 개와 테이블이 놓인 럭키 베이커리의 외관은 매장의 이름처럼 귀엽게 느껴졌다. 반면 영어 타이포와 시멘트 톤의 벽면, 파란 시그니처 색이 특징인 타타 에스프레소바는 남성적인 러프함이 묻어나 대조적이었다.

깜빠뉴와 사워도우 계열의 빵 그리고 그걸 이용한 샌드위치 네 종류와 파운드 케이크 정도가 전부인 럭키 베이커리. 혼자 운영하는 작은 매장이니만큼 가짓수가 많지는 않았다. 날마다 바뀌는 빵도 있고 잼이나 꿀 등 빵에 곁들일 거리도 판매하고 있다.

샌드위치는 베이스가 되는 크랜베리 깜빠뉴 빵이 두툼하고 밀도가 있어 포만감이 들었다. 겉은 크러스티하고, 속은 촉촉한, 구수한 맛의 사워도우. 크랜베리의 은은한 단맛도 좋다. 카프레제 샌드위치는 거기에 선드라이 토마토의 감칠맛 나는 산미가 확 도드라지고 모차렐라의 풍부한 유제품 맛이 더해지는 조합. 바질페스토의 향과 간간한 맛까지 있어 균형감이 좋았다. 잠봉모짜 샌드위치는 말린 토마토 대신 잠봉햄을 넣은 것. 방울토마토가 올라가 신선한 맛도 나고, 생 햄의 풍미, 소금기가 모차렐라의 부드러움과 잘 어울렸다.

빵을 사고 타타 에스프레소바에서 커피를 한 잔 주문했다. 이곳은 밖에 자리가 있고, 내부는 스탠딩 바인 카페. 특이하게 핸드 드립 커피를 내려주는 자리는 따로 마련되어 있었다. 나무 벽면에 액자와 식물로 심플하게 꾸며 놓은 인테리어가 무척 감성적이었던 곳. 바로 옆으로 머신과 원두, 굿즈 등을 전시해 놓은 공간도 볼 수 있었다.

타타 에스프레소바의 고소한 커피는 무척이나 깔끔했다. 럭키 베이커리의 빵을 이런 커피와 함께할 수 있다니. 도심 중의 도심에 살고 있으면서도 이 한적한 마을에 질투가 났다. 어울리지 않는 듯 찰떡같이 어울리는 두 이웃. 참 부럽다.

**럭키 베이커리 주소** 부산 수영구 무학로49번길 71 **영업 시간** 토·일요일 11:30~16:00 **메뉴** 카프레제 샌드위치(3.5), 잠봉모짜 샌드위치(4.5), 단호박 크림치즈 사워도우(7.0) 등 **주차 불가**
**타타 에스프레소바 주소** 부산 수영구 무학로33번길 57 **영업 시간** 11:00~20:00, 수요일 휴무 **주차 불가 근처 가볼 만한 곳** 퍼스널, 프루티, 시로네

bread

## 파티세리 소나
@patisserie_sona

시원한 파란색의 간판이 눈에 띄는 외관. 사람 서넛이면 꽉 찰 듯한 자그마한 가게에 생각보다 다양한 종류의 빵과 디저트들이 진열된 걸 볼 수 있다. 한쪽엔 밀가루나 장식용 빵들도 놓여 있고, 잡지에 나온 사진, 자격증 등도 보인다. 카운터 뒤로는 작업실이 커다랗게 자리한 구조.

젊은 부부 파티시에가 운영하는 유쾌한 빵집 소나. 두 분께선 이런저런 도전도 많이 하신다. 소소하게 새로 시도하는 빵도 그렇고, 제과 기능장에 도전하신다고 맹연습 중이셨던 모습이나(결국, 취득하셨다) 새로운 장소에 2호점을 열게 되신 것까지 시간이 지나며 두 분의 호기심만큼이나 다양한 변화가 추억이 되어 소나에 스며들었다.

빵을 둘러보면 동네 빵 삼총사인 슈크림빵, 단팥빵, 피자빵에서 크루아상이나 하드빵(거친 식감의 건강 빵) 그리고 케이크까지 알차게도 갖추어져 있다. 어르신이 많은 동네 특성에 맞게 주로 간식으로 먹을 수 있는 빵과 여러 종류의 식빵을 팔고, 크루아상이나 페이스트리를 주로 하셨던 셰프님의 경력을 살린 파이류도 많다. 요것들 또한 동네 분들에게 어필할 수 있게 만들어서 예스러우면서도 현대적인 특징을 고스란히 가지고 있다.

딱 이런 느낌, 두 가지가 공존하는 게 파티세리 소나 빵들의 특징이다. 젊은 분들이 좋아하는 트렌디함과 동네에 적응하기 위한 선택이 만들어 낸 이곳만의 맛있는 조합. 빵의 이름 또한 친숙한데, 어려운 불어나 영어는 될 수 있으면 줄이고 귀엽게 이름을 붙인 것도 동네 빵집에서만 볼 수 있는 즐거움이다.

사실 흔하다면 흔한 게 빵집. 아마 주변을 둘러보면 이렇게 조용히 자리 잡은, 어쩌면 시간의 흔적까지 묻어 있는 빵집이 한 군데쯤은 있을 것이다. 단순히 빵집을 다니는 것만으로도 내가 몰랐던 우리 동네의 한 부분을 조금이나마 알게 될 수 있다면 그것도 나름의 소소한 재미 중 하나가 아닐까?

**본점 주소** 서울 양천구 오목로34길 4  **전화** 02-2606-4454  **영업 시간** 09:00~소진 시, 수요일 휴무  **주차** 문 앞에 잠시 가능  **메뉴** 빵류(3.0~4.0대)  **근처 가볼 만한 곳** 카멜리온, 아쥬드블레, 시즌커피앤베이크

**2호점 주소** 서울 양천구 신목로12길 8 1,2층  **전화** 02-6404-4454  **영업 시간** 09:30~19:30, 수요일 휴무  **주차** 가능

cafe & bakery

## 가온 베이커리
@gaonbakery

라우겐 스콘을 필두로 다양한 스콘을 주력으로 판매하는 빵집, 가온 베이커리. '라우겐'이라 하면 독일어로 양잿물, 베이킹에선 반죽을 소다수에 넣었다 구워 만드는 빵을 뜻한다. 겉이 짙은 갈색을 띠는 프레첼이 이 방식으로 만드는 대표적인 빵. 가온 베이커리는 우리나라에서 처음 이러한 방법으로 스콘을 만들어 낸 빵집이다. 그래서일까 한정훈 오너셰프는 스콘으로 책까지 출간하셨다.

가온 베이커리의 스콘은 밀도와 무게가 느껴지면서도 상대적으로 쿠키류보단 부드럽게 씹히는 타입. 라우겐 스콘은 먹어 보기 전에는 굉장히 짜지 않을까 싶었는데, 웬걸 그 라우겐 특유의 건조함과 소금기를 유지하면서도 버터의 맛이 부드럽게 균형을 잡아 준다. 거기에 은근하게 흐르는 미세한 단맛까지 입맛을 돋운다. 라우겐 말고도 민트초코, 흑임자, 말차, 단호박, 얼그레이 등 다양한 라인업을 갖추어 선택의 폭도 넓다. 종류별로 그 재료 맛이 확연히 느껴진다.

다른 요식업에도 관심이 많은 사장님. 제과제빵을 전공하셨지만 전에는 피자 가게 등 다양한 일을 하셨고, 다음엔 냉면을 해보고 싶으시단다. 그만큼 열정도 많아 가온 베이커리에도 재미난 빵이 종종 나오곤 한다. 그중에선 겨울 한정인 슈톨렌 스콘이나 하몽에 루콜라 버터를 더해 만든 몽버터라는 빵도 있었고, 대중적으론 맘모스 빵의 일종인 구황작물 꿀모스와 씨앗호떡 꿀모스가 엄청난 인기를 누리고 있다.

설마 평일 정오가 되기 전에 품절이 되었을까 싶어 12시쯤 방문했던 가온 베이커리. 내 생각을 비웃기라도 하듯 텅텅 빈 진열대만 볼 수 있었다. 물론 불행 중 다행인 건 온라인으로도 가온 베이커리의 빵을 구매할 수 있다는 것이다. 아, 인터넷에서도 맘모스는 품절이 빠르니 잽싸게 클릭해 보자.

**주소** 경기 고양시 일산서구 대화로 124 **영업 시간** 09:00~16:00, 일·월요일 휴무, 온라인 주문 가능 **메뉴** 스콘(2.5~3.0), 꿀모스(7.2) **주차** 상가 주차장 **근처 가볼 만한 곳** 커피 책빵, 맑음 케이크, 올댓커피

## 빵의 정석
### @standard_of_bread

얇은 빗줄기가 부슬부슬 내리던 어느 초여름, 우연히 들렀던 작은 빵집에서 차가운 상태로 먹었던 커스터드 크림이 듬뿍 들은 크로와상. 더위도, 습기도 한 번에 날려 주었던 그 상쾌함이 마음에 들어, 이곳 빵의 정석을 다니게 된 지도 3년이 넘었다.

처음 이름을 들었을 때는 내 특유의 반골기질이 발동해 "얼마나 기본에 충실한 빵을 만들기에 정석이라고 이름을 짓는 거야?"라는 말이 나오면서도 한편으론 '그래도 센스 있네'라는 생각을 했었다. 이 이름은 사실 두 셰프님의 이름에서 '정'과 '석' 한 글자씩을 따와 지은 것이란다.

서울숲 공원 옆, 상점가가 밀집한 골목을 따라 걷다 보면 멀리서부터 한눈에 알아볼 수 있다. 사람들이 줄을 선 곳이 바로 빵의 정석이다. 아담한 규모의 빵집. 나무로 만든 창틀과 짙은 초록의 외벽 그리고 자그마한 전등과 거품기가 달린 간판은 골목과 어우러진다.

작은 공간엔 오른쪽 벽을 따라 빵이 진열되어 있다. 주가 되는 빵은 크로와상을 위주로 한 페이스트리 계열의 빵들. 가장 잘 알려진 빵은 빨미까레와 커스터드 크로와상이다. 맛집들의 특징이겠지만 기본적인 페이스트리 자체가 참 맛이 좋다. 바삭함을 잘 살렸으면서도 가볍지 않은 식감과 버터의 풍미까지 고루 갖춘 크로와상과 파이.

빨미까레는 바로 이러한 파이에 초콜릿을 입힌 빵이다. 혹자는 이 파이를 '고급진 엄마손 파이'라고도 하는데 정말 찰떡 같은 표현이다. 그리고 내가 빵의 정석에서 가장 처음 먹어본 빵인 커스터드 크로와상. 달콤한 커스터드 크림이 맛깔나는 크로와상과 조합되면 사지 않고는 버틸 수가 없다.

종이봉투에 담아 주신 빵을 한 아름 들고 나오면 넓게 펼쳐진 서울숲 공원이 탁 트인 시야와 맑은 공기를 자랑하며 한 번 걷고 가라고 유혹 아닌 유혹을 걸어온다. 맛있는 빵도 있으니 준비 완료. 멋진 풍경과 맛난 빵이 함께한다면 피서지에서 고생하고 오는 것보다 훨씬 좋은 휴가가 되어 주기에 충분하고도 남는다.

**주소** 서울 성동구 서울숲2길 45 1층 **영업 시간** 12:00~19:00, 월·화요일 휴무 **메뉴** 빨미까레(3.3), 올리브 스틱(2.8), 커스터드 크로와상(3.8) 등 **주차** 불가 **근처 가볼 만한 곳** 모멘토 브루어스, 메쉬 커피, 묘사 서울, 유즈풀 아뜰리에, 추a

cafe & bakery

## 디저트 시네마
**@dessert_cinema**

주말에만 영업하는 부산의 유명한 크로와상 맛집. 군데군데 걸려 있는 액자나 테이블에서 유럽의 고급 주택에 들어와 있는 듯한 느낌을 받을 수 있는 공간이다. 크로와상, 뺑오쇼콜라, 소세지 패스츄리, 소보로 패스츄리, 애플파이 시네마 패스츄리 등 패스츄리 계열의 빵만 다루고 있음에도 가짓수가 제법 많은 것이 특징이다. 디저트 시네마의 빵은 패스츄리는 겉은 바삭하게 바스러지고, 속은 부드러우면서도 수분감을 어느 정도 가진 식감. 버터의 고소한 향까지 더해져 먹기 전부터 입맛을 자극한다. 물론 그 맛 역시도 수준급. 느끼하지 않으면서도 버터의 맛이 풍부해 어떤 속재료가 들어가도 꽉 잡혀 있는 맛이 되어 준다.

**주소** 부산 연제구 쌍미천로 32-1 **영업 시간** 토·일요일·매월 마지막 주 수요일만 영업, 12:00~소진시 **메뉴** 오리지널 크로와상(3.5), 뺑오쇼콜라(4.0), 소세지 패스츄리(4.5), 퀸 아망(5.0), 시네마 패스츄리(6.5), 드립 커피(5.0) 등 **주차 불가 근처 가볼 만한 곳** 리질 커피 로스터스, 보느파티쓰리, 커피 필라소피

bread

## 심플리 브레드
**@simplybreadilsan**

들어가자마자 차분한 조명과 소품 그리고 나무로 된 인테리어가 앤틱한 분위기를 자아낸다. 식사용으로 최적화된 빵을 파는 곳이다. 이곳에선 바게트와 사워도우, 치아바타 세 종류의 중심이 되는 빵에 속재료를 달리 하여 갖추어 놓았고, 식빵, 프레첼 등을 곁들여 판매하고 있다. 흑마늘과 잣, 수수와 기장 등 빵에 들어가는 재료만 보아도 건강함이 느껴지는 베이커리. 달지 않은 팥을 가득 넣은 팥빵이나 살구와 밤이 듬뿍 들어간 빵처럼 속재료가 꽉 채워진 빵도 제법 눈에 띈다. 내가 좋아하는 밤살구 사워도우는 살구의 은은한 단맛과 새콤함이 빵의 맛을 심하게 가리지 않으면서도 무게감 있는 빵 맛과 재미나게 균형을 이루는 느낌. 거기에 고소한 밤이 들어가 부드럽게 밸런스를 잡아준다.

**주소** 경기 고양시 일산동구 중앙로 1189 **전화** 031-926-3533 **영업 시간** 09:00~20:00, 토·일요일 휴무 **메뉴** 사워도우(5.5~7.0), 밤 팥 바게트(6.2), 치아바타(3.0~ 4.0) 등 **주차** 불가 **참고** 택배 가능 **근처 가볼 만한 곳** 카페 지미스, 카페 소비, 필모어

## 브라운 아지트
**@chef_junholife**

청년 제빵사가 운영하는 동네 빵집. 바게트, 크로와상부터 엘리게이터, 백설기 카스텔라, 에그 타르트까지 유럽 스타일 빵과 일본 스타일의 옛날 단과자 빵을 두루 갖춘 곳이다. 크로와상은 바삭하고 촉촉함이 남아 있는 식감부터 좋았고, 버터의 고소한 맛 또한 풍부하다. 브라운 아지트의 페이스트리 계열 빵은 전부 식감이 좋았다. 바삭한 결감을 참으로 잘 살렸다. 초코가 들어간 빨미까레도 하트 모양의 팔미에도 사람 입맛 돋게 하는 요물 아닌 요물. 동네 사람들은 흥국 쌀 식빵을 아무래도 가장 많이 찾으신단다. 나는 야식으로 먹기 좋은 러스크를 자주 사먹었다. 오픈 키친으로 운영하는 브라운 아지트. 최근에는 인스타그램 라이브를 통해 빵 만드는 과정을 방송하기도 하고 여러 제빵사들과 자주 소통하는 준호 셰프님. 레시피나 노하우 등을 공유하는 데 거리낌이 없으시다.

**주소** 인천 부평구 길주남로 35 **전화** 070-7543-3523 **영업 시간** 08:00~22:30, 월요일 휴무 **메뉴** 빵 (3.0~) **주차** 불가 **근처 가볼 만한 곳** 아크커피, 고양이 발걸음

## 어반 멜로우
### @urbanmellow_

동네 사람들의 지지를 받고 있는 대전의 베이커리 겸 카페. 종류가 많지는 않지만, 바게트, 사워도우 같은 빵과 식빵, 몇 가지 크로와상 그리고 에그타르트 등을 판매하고 있다. 잠봉뵈르 샌드위치는 바삭하고 고소한 바게트에 햄을 가득 채우고 두툼한 버터와 사과잼, 씨겨자까지 더한 조합으로 인기 만점이다.

그릴 샌드위치는 그릴 자국이 찍힌 통밀 식빵 사이로 주르륵 흐르는 치즈가 참 먹음직스럽다. 바삭한 빵에 치즈의 고소한 맛이 주가 되지만 매콤한 소스가 발려 있어 느끼한 맛을 확 잡아 준다. 바질 페스토의 향긋한 향과 맛도 느껴지고 파프리카가 들어간 것도 포인트. 전체적으로 어반 멜로우의 샌드위치는 짜지 않아서 물리지 않게 먹을 수 있었다. 심지어 감자 베이컨 수프도 담백한 편. 베이컨이 간을 더하는 정도라 샌드위치랑 먹기 딱 알맞다.

**주소** 대전 서구 사마1길 50 **영업 시간** 수·목 11:00~17:00, 금·토 11:00~18:00, 격주 일요일 11:00~16:00, 일~화요일 휴무(유동적이므로 공식 인스타그램 확인) **메뉴** 잠봉뵈르(8.5), 그릴 치즈 샌드위치(6.5), 데일리 수프(5.5), 에그 타르트(2.7) 등 **주차** 매장 앞에 1~2대 가능 **근처 가볼 만한 곳** 이봄커피

@ki__iro

@4years_apart

@patisserie.jaein

@hakuchoomu

@horizon16_

@__lilly.wood

@mydear_sweet

@cafe_swanne

@yeonhwa_bakery

@kyeri_official

@kimhyunmin.zip

@hato_seika

@vanilla_suite_official

@januarypicnic

디저트

# Dessert

나무의 색이 느껴지는 달콤한 카페
# 키이로

지금은 비교적 흔히 볼 수 있는 테린느. 초콜릿과 노른자, 버터 등을 중탕해 만드는 이 디저트는 로이스의 생 초콜릿이 연상되는 부드러운 식감과 달콤한 맛으로 한때 많은 사람들의 입맛을 사로잡았다. 외국에서야 어땠는지 모르지만 내가 국내에서 테린느를 처음 알게 된 건 이곳, 키이로를 통해서였다.

@ki_iro

사진으로는 온전히 담아 내지 못한
근사한 공간

서울 대학로에 위치한 카페. 오래된 건물의 나무 계단을 따라 2층으로 올라가면 입구를 찾을 수 있다. 일본어로 '나무색'이라는 뜻의 매장 이름처럼 목재를 사용한 인테리어가 두드러진다. 마치 교토의 카페를 연상케 하는 공간. 멋진 카페를 사진으로 담을 때, 육안으로 본 느낌만큼 사진이 담기지 않아 참 안타까운 곳이 종종 있는데 여기가 딱 그랬다. 실제로 볼 때는 너무나 멋진데 나의 문제인지, 기계의 문제인지 사진이 항상 실물을 따라가지 못한다. 나무 테이블과 나무 창, 밖이 내려다보이는 2층의 경사진 벽면까지 마음에 드는 키이로. 한쪽에 가지런히 놓인 책도 여기선 근사한 소품처럼 보였다.

봄에 방문한다면
벚꽃 몽블랑을 맛보시기를

기본적으로 디저트가 주가 되는 카페, 키이로. 앞에서 설명한 테린느는 고정 메뉴이고 다른 디저트가 중간중간 바뀌곤 한다. 일본풍의 깔끔하고 무겁지 않은 맛을 가진 디저트를 다루는 것이 특징. 케이크 외에도 스콘이나 과자류까지 맛이 좋고, 음료는 커피와 차 등이 준비되어 있다.
테린느 외에 봄의 벚꽃 몽블랑도 키이로의 대표적인 디저트 중 하나. 언젠가부터 벚꽃은 봄의 대명사가 되었고, 디저트에도 그 바람이 넘어왔다. 키이로에선 몇 년 전부터 이 벚꽃 몽블랑을 봄 시즌마다 만들어 내고 있고, 나에게도 딱 봄 하면 떠오르는 디저트로 자리를 잡았다.
벚꽃 몽블랑은 일반적인 가을의 몽블랑과 다르게 분홍빛을 아름답게 두른 벚꽃향 딸기 크림을 바른 디저트. 허브, 딸기 조각 그리고 옆에 놓인 젤리가 더해져 동양화를 보는 듯 아름다운 색과 선을 그려 낸다. 그 속에 커다란 딸기가 예쁘게 숨어 있는 몽블랑. 신선한 딸기가 크림의 은은한 벚꽃향을 머금어 더욱 맛있게 느껴진다. 곁들여 주는 벚꽃 젤리로 입가심까지 할 수 있으니 그야말로 봄의 향기를 그대로 옮겨 놓은 케이크다.

첫 방문 때의 이미지가 강하게 남아서일까? 키이로하면 내겐 혼자 와 책을 보거나 하며 디저트를 즐기는 여유로운 이미지가 떠오른다. 물론 지금은 주말엔 웨이팅을 감수해야 하는 카페이지만 말이다. 가끔 다른 매장과 콜라보라도 하는 날엔 줄이 1층까지 이어지기도 한다.
그래도 여유라는 말이 무척이나 잘 어울리는 공간. 나는 이곳을 주로 혼자서 방문했다. 나무의 색이 짙게 밴 공간에서 정성스레 플레이팅 해주는 한 조각의 케이크와 따뜻한 홍차가 만들어 내는 나만의 달콤한 시간이 무척이나 마음에 들기 때문이다.

**주소** 서울 종로구 창경궁로26길 41-3 2층
**전화** 02-747-0848
**영업 시간** 12:00~20:00, 월·화·수요일 휴무
**메뉴** 테린느(초코, 말차 등 6.0), 커피(4.5~), 벚꽃 몽블랑(7.5) 등
**주차** 불가
**근처 가볼 만한 곳** 낫컴플리트, 무던, 학림다방

dessert

네 살 차이 나는 두 사람의 수수하지만 화려한 공간
# 네살차이

네살차이. 친근한 이름에 부드러운 이미지를 가졌다. 흰색의 외벽과 옅은 색상의 나무 소재 가구들로 이루어진 이 카페는 차분하다는 느낌이 가장 먼저 드는 곳이다. 처음 방문했을 때도 그랬다. 지금은 위치를 좌천동으로 옮겼지만, 원래는 민락동에 자리했던 네살차이. 그때도 흰 건물에 조금은 세월이 느껴지는 문을 그대로 남긴 것과 수수한 내부의 꾸밈이 무척 기억에 남았던 곳이었다. 계속 한결같은 톤이 유지되고 있는 매장이라 참 좋다. 나는 변화의 적응에 빠르지 못한 사람이다.

@4years_apart

## 고즈넉한 광경 속에서
## 차분하게 흐르는 시간

전과 달라진 건 1층의 카페가 복층의 구조로 변해 좀 더 넓어졌다는 것 정도. 1층은 상품의 진열과 카운터로 쓰고 있고 2, 3층에 자리가 마련되어 있다. 창 너머로 보이는 나뭇잎과 커튼 겸 달아 놓은 광목, 드문드문 놓인 양철 소재의 오브제가 좌석과 이루는 고즈넉한 광경이 아름다운 카페다. 테이블에는 물컵과 메뉴판이 놓여 있다.

## 갓 구워 낸 식빵의
## 촉촉하고 부드러움 식감

네살차이의 시그니처 메뉴는 식빵 세트라고 할 수 있다. 찜기에 한 번 쪄 내어 따끈따끈한 식빵을 손으로 찢어, 곁들여 주는 팥앙금과 버터 등을 발라 먹으면 되는 메뉴. 고소한 맛이 감도는 빵은 수분기를 머금어 촉촉하고 부드러운 식감을 지녔다. 은은하게 단맛도 올라와 자꾸만 손이 간다. 면포에 곱게 싸서 내어 주는 감성 또한 무척이나 매력적이라 출시된 지가 제법 되었음에도 여전히 많은 손님들이 찾는 디저트다.

## 작은 부분까지 신경 쓴
## 디테일이 매력적

묵직하고 진한 다크 초콜릿 맛이 도드라지는 갸또 쇼콜라, 요거트와 같이 내어 주는 재미난 조합의 파운드 케이크 등 다른 디저트나 음료에서도 꼼꼼함이 느껴지는 네살차이. 셔벗을 곁들여 주는 소다 음료는 두 가지 과일의 복합적인 상큼함과 서걱거리는 셔벗의 시원함이 매력적이었다. 시럽을 넣지 않고 따로 담아줘 단맛 없는 청량감을 좋아하는 내게도 그만이었다.

첫 경험이 강렬했던 탓일까? 누가 내게 부산의 카페를 추천해 달라 물을 때마다 빠지지 않고 들어가는 카페가 바로 네살차이다. 몇 년 전 나는 뒤의 일정을 모두 포기하고 긴 시간 머무를 만큼 네살차이가 마음에 들었다. 그리고 이전한 새로운 자리에서도 그 시절의 그 느낌을 다시 받을 수 있었다. 화려함을 뽐내지 않는 카페. 내게 그 어떤 웅장한 인테리어도 네살차이 두 분께서 수더분하게 운영하는 이 매장의 한가롭고 일상적인 모습이 만들어 내는 자연스러운 꾸밈에 비할 바가 되지 못하였다.

**주소** 부산 동구 중앙대로 447-1
**메뉴** 식빵 세트(10.0), 커피(5.0~), 소다류(6.5) 등
**영업 시간** 12:00~20:00, 휴무일은 공식 인스타그램 하이라이트 참고, 12시, 1시 타임 예약 가능
**주차** 근처 공용 주차장
**근처 가볼 만한 곳** 문화공감 수정

dessert 156

뭐 하는 곳인데 이렇게 줄을 서요?
# 재인

재인이라는 매장을 처음 들었을 때, 매장의 이름도 그렇지만 시그니처 디저트인 '나무'의 정교한 모양이 무척이나 독특하게 다가왔었다. 그 우아한 매력을 가진 맛에도 푹 빠져들었음은 물론이다. 내가 느끼기에 우리나라에서 무스를 하는 곳은 유행을 선도하는 스타일리시한 매장 아니면 클래식한 디저트를 다루는 매장으로 양극화되는 경향을 보였는데, 재인은 바로 전자에 속하는 디저트숍이었다.

@patisserie.jaein

**파티시에의 이름을 딴 매장 이름처럼**
**맛에 대한 자부심이 엿보인다**

청담동의 정식당, 한남동 다츠 등에서 디저트를 담당하던 이재인 파티시에의 개인 매장으로 그의 이름을 딴 매장명 '재인'. 하얀 벽과 붉은 벽돌로 이루어진 심플한 인테리어는 사각의 카운터와 진열대가 돋보이는 단정한 톤으로 꾸며져 있다. 단 두 개의 테이블과 벽 선반 하나가 전부인 크지 않은 공간. 매장에서 먹고 가는 손님도 더러 있긴 하지만, 역시 포장 손님이 많다.

디저트의 진열, 포장에서부터 고급스럽다는 느낌이 드는 재인. 살펴보면 쿠키나 파운드도 있지만, 마들렌과 휘낭시에의 가짓수가 많다. 다른 곳에서 볼 수 없는 재인만의 독특한 디저트도 제법 보인다. 그럼에도 핵심은 역시 케이크류라고 할 수 있다. 처음 문을 열 무렵에만 해도 두어 개 정도였던 이 디저트들은 점점 늘어나기 시작하더니 이제는 시즌마다 다른 디저트가 꾸준히 출시된다. 매번 새로운 메뉴가 나올 때마다 놀라운 재료 선택과 조합에 감탄을 하게 된다.

**정통 프렌치 디저트에**
**한국적인 식재료를 가미한 독창성**

거의 정통 프렌치 디저트숍이라고 할 수 있는 곳이지만, 색다른 점은 한국적인 식재료를 가미한다는 점이다. 그러면서도 그 디저트 자체가 가진 고유한 풍미는 고스란히 살려낸다는 게 놀라울 따름. 예시로 '나무'의 두 번째 버전인 '밤나무'라는 디저트를 살펴보면 기본적으로는 가을 밤 디저트인 몽블랑을 무스화 시킨 메뉴인데, 밤 자체의 고소한 맛을 일반적인 몽블랑과 다르게 잘 살려낸 것도 그렇지만 한라봉의 상큼한 맛을 조합한 게 무척 매력적으로 다가왔다. 보통 몽블랑에는 베리나 카시스 등이 많이 조합되는데 무려 한라봉이라니. 제주에서 영감을 얻어 만들게 되었다는데 정말이지 이러한 부분이 재인을 다른 디저트숍과 구분 짓게 하는 포인트가 아닐까 싶다. 그 밖에도 홍미향, 대추, 버찌 같은 이름의 디저트부터 청양 휘낭시에나 쑥, 유자 마들렌, 명절에만 보이는 구운 약과 같은 과자들까지 우리의 식재료를 요소요소에 사용하고 있다.

비가 몹시도 온 어느 날, 설마 사람이 많겠어 싶은 날에 재인에 들렀다가 30명이 넘는 사람들이 줄을 서고 있는 모습을 보고 헉 소리가 나온 적이 있었다. 줄을 서 있다 보면 종종 지나가는 동네 어르신들께 여기가 어디냐는 질문을 받을 정도다. 고작 디저트를 사기 위해 이렇게 길게 줄을 서는 게 맞느냐 내게 묻는다면 그래도 한 번쯤은 먹어 보는 게 어떻겠냐고 말해 주고 싶다. 이런 디저트는 어렵다는 편견 아닌 편견까지 깨어 주기에 딱 좋은 곳이니. 특히나 밤나무와 하바구 무화과로 만든 가을 시즌 디저트는 꼭이다. 아 딸기도, 한라봉도….

**주소** 서울 서대문구 연희로25길 72 1층
**전화** 02-332-2454
**영업 시간** 12:30~17:00, 화·수요일 휴무
**메뉴** 케이크(7.5~), 구움과자(1.8~) 등
**주차** 불가
**근처 가볼 만한 곳** 콘하스, 비하인드 리메인, 뚤리, 카페 여름

전주, 한 낮에 꾸는 꿈
# 백일몽

전주엔 카페 거리가 있다. 흔히 객리단길이라고도 부르는 객사길, 얼핏 보아선 카페가 있으리라 상상하기 힘든 낡은 건물의 2층. 오래 전부터 꼭 한 번 가보고 싶었던 카페, 백일몽은 그곳에 자리 잡고 있었다. 허나 첫인상은 나의 예상과 완벽히 달랐다. 커다란 공간에 많은 사람 그리고 시끌벅적한 분위기. 내가 품었던 백일몽의 이미지는 환상이었을까?

## 공간의 분위기와 어울리는
## 차와 디저트

고재 가구들과 선을 길게 뺀 전등, 군데군데 놓여 있는 도자기와 책. 공간 자체만 놓고 보면 멋지다는 말이 자연스럽게 나온다. 단지 일요일, 피크 타임에 방문한 나의 선택이 이곳을 온전히 볼 수 없게 만들었을 뿐이다. 하얀 벽에 하얀 천. 격자 창문에 사각 테이블과 사각 의자. 반듯반듯한 이 모습 또한 눈에 띈다. 거울이나 선반도 그렇고 군데군데에서 볼 수 있는 사각의 형태. 넓은 공간임에도 통일성이 느껴지는 건 이 사각도 한몫하지 않을까 하는 생각을 잠시 했다.


## 하얀 공간에 어울리는
## 하얀 치즈케이크

백일몽의 음료는 커피에서 티, 에이드, 약간의 주류까지 제법 다양한 편. 디저트도 여러 가지를 갖추었다. 계절마다 라인업이 바뀌지만 시그니처라고 할 수 있는 건 면포에 담아서 나오는 백일몽이라는 이름의 치즈케이크. 새하얀 색이 역시나 공간과 참 잘 어울린다. 거기에 밤 조림을 추가하고, 음료로는 밀크티 크림라떼와 차를 선택. 다도가 어울릴 것만 같은 공간의 인테리어에 자연스럽게 차를 고르게 된다.

크림치즈에 가까운 질감을 가진 백일몽 치즈케이크. 부드럽고 은은한 단맛을 지녔다. 밑에 숨어 있는 쿠키 바닥 부분까지 스푼으로 같이 떠 먹는 게 나름의 포인트. 고소한 맛을 더해 주어 느끼함이나 단조로움을 줄여 준다. 자극적이지 않기에 차와 궁합이 좋은 디저트.

## 누구나 이곳에서는
## 백일몽에 빠지게 된다

요즘 불을 보며 넋 놓는다는 의미의 불멍이라는 말이 유행이라고 한다. 창틀 너머로 보이는 하늘이 무척이나 아름다웠던 날. 나와 일행은 창가의 하늘을 보며 한참을 멍 때리고 있었다. 모든 것이 멈추어 있는 듯해 정적인 시간을 가지게 하는 카페.
낮에 꾸는 꿈, 즉 이루어질 수 없는 공상을 일컬어 백일몽이라 부른다. 어느 순간 썰물처럼 사람이 빠져 조용해진 백일몽. 그제야 자신이 가지고 있었던 단정한 모습을 내게 드러내 보인다. 내가 품었던 환상이 거짓이 아니라고 말하기라도 하려는 듯.

이랬구나. 이토록 고즈넉하고 여백이 어울리는 공간이었구나. 도자기를 가져다 두고, 수많은 책을 놓아둔 이유를 나는 비로소 알 수가 있었다. 전주 객사길의 새하얀 공간, 백일몽. 잠시나마 꾸고 가는 꿈이 너무나 달콤해 오랜 시간 기억에 남았다.

**주소** 전북 전주시 완산구 전주객사3길 10, 2층
**영업 시간** 12:00~20:00, 휴무는 유동적이므로 공식 인스타그램 참조
**메뉴** 백일몽(6.5), 보늬밤(4.0), 커피(4.0~), 티(6.0), 밀크티 크림 라떼(6.0)
**주차** 불가
**참조** 한 팀당 최대 2인 입장 가능
**근처 가볼 만한 곳** 포지티브즈 전주, 스틸 라이프

dessert  168

# 호라이즌 식스틴
@horizon16_

나무와 흰색으로 장식된 인테리어는 한쪽 벽에 진열된 LP판 덕분에 차분하면서 나른한 분위기가 흐른다. 카운터 쪽으로 가득 쌓여 있는 휘낭시에와 파운드 케이크가 먼저 눈길을 끌고 그 뒤의 냉장 쇼케이스에 다른 디저트가 진열된 구조.
호라이즌 식스틴의 냉장 디저트는 케이크인 리틀 포레스트(말차 케이크), 캐롯(당근 케이크)과 시즌마다 달라지는 디저트로 구성된다. 이 시즌 디저트는 각 계절에 어울리는 식재료를 사용해 예쁜 모양으로 맛있게 만들어 내는 덕분에 무척 인기가 많다. 개인적으로 기억에 남았던 것은 화이트 초콜릿 디저트인 화이트 클라시카, 피스타치오 몽블랑, 패션코코넛 푸딩 등.
물론 꾸준하게 인기가 많은 큼직한 휘낭시에, 버터크림이 아닌 가나슈(초콜릿) 계열의 필링을 채워 느끼하지 않은 마카롱도 맛있다. 예전부터 내가 무척 좋아했던 파운드 케이크는 최근 들어 인기가 급격히 높아졌다. 조각으로 판매하지만 정말 큼직하고 고슬하면서도 마르지 않은 식감에 종류별로 각기 다른 확실한 풍미, 적당한 당도를 가진 알찬 파운드 케이크다.
잘 만들어진 디저트는 기억이 오래 남는다. 물론 잘 만들었다는 범주에 정통 프랑스식이니 하는 테크닉적인 부분을 넣는다면 호라이즌 식스틴은 1순위가 아닐지도 모른다. 단지 내가 이곳의 디저트를 잘 만들었다고 하는 이유는 아직 우리나라 사람들에게 익숙하지 않은 조합, 가령 이스파한(로즈, 리치, 산딸기) 같은 생소한 향과 맛을 복잡하지 않게 직관적으로 풀어냈기 때문이다. 거기에 예쁘고 개성 있는 모양 또한 빼놓을 수 없다.
연남동 끝자락의 작은 가게지만 이곳에 들른다면 절대 하나만 사서 나오게 되진 않을 것이다. 내가 당근 케이크가 먹고 싶어 들렀다가 양손 가득해져 나온 것처럼 말이다. 매장의 이름은 한 달에 평균 16일만을 영업을 해서 그렇게 지었다고 한다.

**주소** 서울 마포구 연남동 241-98 **영업 시간** 영업일은 공식 인스타그램 캘린더 참고(한 달 16일 정도 영업), 12:00~19:40, 일요일~18:30 **메뉴** 케이크(6.0~), 파운드 케이크(4.5~), 마카롱(3.0) **참고** 택배 가능 **주차** 불가 **근처 가볼 만한 곳** 땡스오트, 커피냅로스터스, 얼스어스

## 릴리우드
**@__lilly.wood**

신촌역에서 화려한 상점가를 지나 작은 골목길로 들어가다 보면 나오는 디저트 카페 릴리우드. 노란 차양과 그 아래 하얀 커튼 그리고 나무로 만든 입간판이 동화 속에나 나올 법한 귀여운 모습으로 손님을 맞이하고 있다.

옅은 베이지색 나무 테이블과 초록 식물로 꾸며 놓아 아주 밝지 않음에도 화사한 분위기가 흐르는 내부는 좌석이 많지는 않지만 그래도 네 팀 정도는 앉을 수 있다. 반원 모양으로 된 벽 테이블까지 참 아기자기한 공간 활용이 엿보이는 매장.

릴리우드의 디저트는 프랑스와 일본풍의 케이크와 타르트가 주력. 계절에 따라 판매하는 디저트가 순환하는 곳이다. 음료로는 간단한 커피와 차가 있는데, 커피보다 차의 종류가 더 많고, 그 향도 매력이 있어 나는 여기선 주로 차를 디저트에 곁들이는 편이다.

릴리우드의 사장인 장유리 파티시에는 앳된 외모와는 다르게 이름만 들어도 알 법한 디저트 매장들에서 제법 오랜 경력을 쌓아왔다. 그녀가 처음 문을 열 때 선보인 디저트는 패션망고 코코넛 레몬 타르트인 데이지와 장미향이 인상적인 무스 케이크인 포그 블랑. 흔치 않은 조합을 첫 메뉴로 선정한 신선함에 반했는데, 이후 딸기 시즌 디저트인 후레즈 샹티가 출시되었을 땐 그 반응이 폭발적이었다. 호지차와 현미의 구수함, 유자의 상큼함으로 차별을 두어 개성을 살린 몽블랑도 빼놓을 수 없다. 무엇보다 이곳의 디저트는 선을 넘지 않는 화려한 맛과 모양, 색을 느낄 수 있다. 이런 게 바로 파티시에의 감각이 아닐까?

파티시에 본인이 좋아하는 디저트를 만드는 일이야 어렵지 않겠지만, 그게 대중들의 반응으로까지 이어지는 건 절대로 쉽지가 않다. 실제로 릴리우드에서 신메뉴를 개발할 때마다 수없이 테스트를 반복하고 계시다고 들었다. 단순히 예쁜 카페라고만 하기에 릴리우드는 디저트에 수많은 노력이 들어간 공간이다. 나는 이곳의 새로운 디저트가 나올 때면 한껏 설레는 맘을 안고 방문하곤 한다. 이 하얀 공간에 또 어떤 계절의 색이 입혀질까 하는 기대감을 품고 말이다.

**주소** 서울 마포구 서강로11길 18 **전화** 070-4154-3388 **영업 시간** 12:00~18:00, 화·수요일 휴무 **메뉴** 커피(5.0~), 티(6.0~), 케이크(7.0~8.5) 주차 불가, 근처 공용주차장 이용 **근처 가볼 만한 곳** 펠트커피, 바닐라 스위트, 써밋

cafe & bakery

dessert 174

# 스완네
@cafe_swanne

대구 범어동의 한 골목. 벽돌담을 두르고 잔디 깔린 마당엔 나무를 심은, 멀리서 봐도 참 멋진 기와집. 이곳을 고쳐 만든 카페 스완네. 누가 봐도 백조의 영어 스펠링을 따와 이름을 지었겠거니 싶지만, 그게 아니라 마르셀 프루스트의 소설 〈잃어버린 시간을 찾아서〉 속의 찰스 스완에서 따온, 사장님이 키우는 고양이 이름 '스완'에서 가져오셨다고 한다.

프랑스 작가의 소설에서 따온 이름이라 그런지, 스완네는 유럽 찻집이 떠오르는 차분한 분위기가 흐르는 공간. 흰 천을 둘러놓은 마당의 테이블이나 가구, 오브제 등에서도 기품이 느껴졌다. 반면 내부는 클래식한 옛 주택의 모습을 그대로 살렸고, 벽면은 시멘트를 그대로 드러내 전혀 다른 느낌을 들게 했다.

이곳의 시그니처 메뉴인 스콘 팔레트는 그림을 그릴 때 쓰는 나무 팔레트 위에 알록달록한 다섯 가지 소스(클로티드 크림, 레몬·토마토·말차·얼그레이 잼)를 스콘과 같이 올려 내어주는 디저트. 설탕을 살짝 입힌 스콘은 겉은 바삭하고 속은 포슬한 비스킷 같은 식감을 지녔다. 곁들여 먹는 잼은 그대로 찍어 그림을 그려 보고 싶을 정도로 알록달록했다. 그만큼 각각 개성이 확실했는데, 토마토의 새콤한 산미나 진한 쌉싸름함의 말차, 레몬 커드와도 비슷한 맛의 상큼한 잼까지 전부 매력적이었다.

동네 주민 손님이 많았던 스완네. 카페를 찾아다니는 젊은 사람들뿐만 아니라 나이가 어느 정도 있는 분들까지 연령대가 다양했다. 늘 그렇듯 동네 사람들이 꾸준히 찾아주는 카페에는 이유가 있는 게 아닐까 싶다. 스완네 또한 마찬가지일 테다.

**주소** 대구 수성구 동대구로80길 73 **전화** 053-742-9794 **영업 시간** 월~토 12:00~21:30, 일요일 휴무 **메뉴** 커피(4.5~), 토마토 빙수(1인 9.5), 스콘 팔레트(4.5) **주차** 불가, 매장 근처 **참고** 노키즈 존 **근처 가볼 만한 곳** 커피 튜드, 우리밀 풍미, 아눅 베이커스

## 연화제과
@yeonhwa_bakery

부산진구의 초읍동, 도로변에서 한 블록 정도 들어간 작은 사거리에 있는 케이크와 구움과자 전문점, 연화제과. 인기가 많은 곳이라 들어 방문 전날 디저트 라인업이 인스타그램에 올라왔을 때 예약을 해 두었다. 들른 시간은 오후 1시경. 문을 연 지 두 시간쯤 지났을 무렵인데 이미 동난 품목이 많았다.

오래된 건물이다. 적게 잡아도 40년, 길게는 60년 가까이 되었을 거란다. 사장님은 이 건물이 간직한 예스러운 모습이 좋아 구조를 그대로 남겨두었다고 한다. 매장을 해보면 알겠지만, 이러한 방법이 차라리 새로 인테리어를 하는 것보다 돈이 더 많이 들게 마련이다. 오래된 건물 특성상 자꾸만 보수해야 할 곳도 생기고 말이다. 하지만 덕분에 연화제과는 무척이나 그 분위기가 좋았다. 느슨하게 걸리는 햇살, 나무 소재의 진열장과 테이블, 창틀, 그러한 것들이 어우러진 모습이 퍽 감성적인 카페.

예약한 품목을 확인하시곤, 포장을 해주시며 디저트에 대해 꼼꼼한 설명을 곁들여 주시는 사장님. 당일 먹어야 하는 것과 하루 이틀 정도 보관해도 되는 것, 냉장 보관해야 하는지, 상온에 두어야 하는지 등을 자세하게 일러 주시는 친절함이 살갑게 다가왔다.

연화제과의 디저트는 제법 맛이 진했다. 예를 들어 빅토리아 케이크 같이 버터가 많이 들어가는 디저트는 버터 특유의 향과 맛이 진하고, 식감 또한 묵직했다. 샌딩된 버터크림 역시도 질감에 무게감이 있는 편. 수제 라즈베리 크랜베리 잼의 상큼함이 포인트였다. 방문했던 때는 시즌이 시즌인지라 딸기 디저트를 아무래도 많이 먹게 되었는데, 사장님께선 좋은 딸기 품종을 구하는 데 신경을 많이 쓰고 계셨다. 고슬한 식감에 역시나 크기에 비해 무게감을 느낄 수 있었던 파운드나, 의외로 단맛보다 다크 초콜릿의 깊은 맛이 강했던 가나슈 케이크까지 연화제과의 디저트는 전부 각자만의 매력을 가지고 있었다.

"뭐가 제일 예뻐요?"라는 사진을 남기기 위한 질문보다는 "어떤 게 제일 맛있어요?"나 "이건 제 입에 맞을까요?" 같은 질문이 반갑다는 사장님. 감성적인 면보다는 디저트에 더 집중하고 싶다는 사장님의 말씀에서 제과에 대한 욕심을 엿볼 수 있었다.

**주소** 부산광역시 부산진구 새싹로265번길12 **전화** 010-4573-4191 **영업 시간** 11:00~소진 시, 금·토·일요일 영업, 인스타그램 확인 **메뉴** 프레지에(7.0), 빅토리아(7.0), 가나슈 케이크(6.8), 파운드(4.0~4.5), 아메리카노(4.0) 등 **주차** 매장 앞 한두 대 가능 **근처 가볼 만한 곳** 잎테

## 키에리
@kyeri_official

유제품과 설탕의 사용을 최대한으로 줄이고, 인공 감미료 등을 사용하지 않는 디저트 카페 키에리. TV 프로그램 〈수요미식회〉에 나온 적이 있는, 2012년부터 이어진 오래된 맛집이다. 파란 벽돌 건물에 새겨진 타이포의 이국적인 느낌이 먼저 반겨주는 키에리. 매장 안으로 들어가면 쇼케이스 안의 다양한 케이크가 시선을 사로잡는다. 높이감이 높아 푸짐한 모양이 정말 먹음직스러운 케이크들. 종류도 많고 다른 곳에서 보기 힘든 케이크가 많다. 시트 케이크, 치즈 케이크, 크럼블, 티라미수 등을 독특한 재료를 넣어 만들어 내는 곳이다. 거기에 스콘과 에그타르트도 사이드로 준비되어 있다.

키에리의 케이크는 다른 가게의 디저트와는 확연히 다른 맛을 가졌다. 가장 큰 특징은 단맛이 매우 적다는 것. 처음 먹어 보면 케이크 맞나 싶을 정도로 당도가 낮다. 물론 초콜릿이 들어가는 케이크 정도는 그래도 단맛이 어느 정도 느껴지지만, 상대적으로 단맛보다는 고소한 맛 등 재료의 맛이 도드라진다. 시트 역시도 촉촉함보다는 포슬함, 고슬함 등이 느껴지는 식감이다. 건강하게 먹고 싶다면 할머니의 케이크 또는 고구마나 쑥, 단호박, 뽕 등의 토속적인 재료가 들어간 케이크를 추천하고, 그래도 디저트의 자극적인 맛이 좋다면 크럼블류나 초콜릿이 들어간 케이크를 권해 본다.

한때 이곳은 내게 빵 투어를 돌 때 빠지지 않는 코스였다. 어느 무더운 날, 동생과 우사단길 언덕을 헤매다 내려와 방문했던 키에리. 그때 먹었던 케이크와 반갑게 맞아주시던 사장님 그리고 마스코트 순이를 잊을 수가 없다. 항상 덕담 삼아 해가 지날수록 젊어진다고, 멋있어진다고 말씀해 주시는 사장님. 물론 거기에 영업 당해서 이러는 건 아니다. 건강한 디저트의 맛있는 세계를 이태원에서 꼭 한번 경험해 보길 바란다.

**주소** 서울 용산구 이태원로 26길 16-8 **영업 시간** 13:00~20:00, 휴무 없음 **메뉴** 케이크(7.5~9.5), 커피(4.9~), 스콘(2.5~) **주차** 불가, 매장 주변 **참고** 노키즈 존, 한 팀 당 3인까지 이용 가능 **근처 가볼 만한 곳** 챔프커피, 코지빌라 커피, 오월의 종

dessert 180

## 카페 기면민
@kimhyunmin.zip

디테일적인 요소가 눈에 띄는 카페 기면민. 디저트의 사진을 끼워 놓은 오브제나 귀여운 색의 물수건 등 여기저기 신경을 많이도 쓰셨다. 매장 분위기에 어울리게 카페 기면민의 디저트는 전체적으로 깔끔하고 순한 맛을 가졌다. 모양이 일단 참 예쁘장하다. 몽블랑을 롤케이크로 풀어낸 마롱 카시스 롤케이크는 생크림 자체가 무겁지 않고, 많이 달지 않아 부담스럽지 않았던 맛. 밤의 고소함도 남아 있고, 카시스 잼을 곁들여 줘 상큼함까지 보탤 수가 있다. 시그니처인 기면민집은 쑥 파운드에 단호박, 고구마 크림이 들어간 디저트. 알록달록한 색이 화려한데, 색소를 전혀 쓰지 않는다고 한다. 인위적이지 않은 단호박, 고구마의 단맛이 살아있어 누구나 좋아할 만한 케이크였다. 호박 고구마 잼과 말차 가나슈를 곁들여 주는 스콘 세트 역시도 흔하게 보기 힘든 조합이다.

알고 보니 부부인 두 사장님께서는 일본에서 살다가 오셨다고 한다. 제과도 그곳에서 배우셨다고. 테이블은 모두 그곳에 있을 때 사용하던 물건이고, 특히 문 모양의 수납함은 아끼는 물건이라 가게 입구의 문도 이걸 그대로 본따 제작한 거라고 말씀해 주셨다. 인스타그램 프로필 사진의 그림도 액자로 걸려 있었는데 요건 일본에 계실 때 한 꼬마 아이가 사장님을 그려준 것.

내게 이 기면민이란 공간이 왜 마음에 들었을까를 다시 말해 보라고 한다면, 이제는 예뻐서라는 이유보다는 '사람 사는 모습이 느껴져서'라는 답을 꺼내어 들려고 한다. 단지 이곳을 직업이 아닌 삶의 한 부분으로 오래 가꾸어 나가는 두 분의 마음씨가 내게 짙게 여운을 남겼기 때문이다.

**주소** 경기 성남시 중원구 산성대로468번길 3 1층 **전화** 010-3473-0852 **영업 시간** 12:00~19:00, 화·수요일 휴무 **메뉴** 핸드드립 커피(5.0), 마롱 카시스 롤케이크(6.0), 기면민집(단호박 & 고구마 & 쑥 6.5), 스콘 세트(5.0) 등 **주차** 주변 공영 주차장 **근처 가볼 만한 곳** 유주얼, 위클리커피, 차와

## 비둘기제과점
@hato_seika

하얀 건물에 하얀 천, 나무 창틀, 흙색 화분. 주변의 상점가와는 조금 이질적인 분위기가 흐르는 매장이다. 서까래와 기둥이 그대로 드러나는 한옥 건물에 짙은 색의 나무로 만든 선반과 진열장을 놓아 제과점보다는 사찰 같은 곳에 온 게 아닌가 싶은 기분이 들었다.
사브레, 비스코티, 플로랑탱, 노아제트 같은 쿠키들이나 마들렌, 티그레, 휘낭시에류의 구움과자 그리고 머핀과 파운드 케이크 등이 가지런히 바구니에 진열되어 있다. 이 과자들을 보고 어찌 손이 가지 않을 수 있을까? 맛을 보기도 전인데 너무나 아름다운 포장에 먼저 넋이 나갔다. 비닐 대신 전부 종이로 포장한 것도 멋스럽다.
미리 포장이 된 상태로 판매하는 구성도 있지만, 과자 구매 금액이 일정 가격을 넘어가면 약간의 추가금으로 박스 포장이 가능한데 이게 정말 감탄이 절로 나왔다. 박스에 차곡차곡 담은 과자들을 보자기로 싸매고, 열매와 잎이 예쁘게 달린 가지를 꽂아서 주는 단아한 선물 포장은 대접 받는 기분이 절로 들게 했으니까 말이다.
그래서 그런지 이곳의 과자들은 선물용으로 사가는 손님이 많았다. 품절이 빠른 것도, 본인이 먹을 것 외에 선물하려고 한가득 사가는 사람이 많아서였다. 나도 내가 먹을 것 외에 선물할 걸 여기서 샀었다. 일단 보기에도 정성스러워 보이니 주는 사람도 받는 사람도 마음에 들 수밖에 없었던 비둘기 제과점의 과자들. 집에 가져와 먹어 보니, 이곳의 과자들은 전체적으로 딱 커피나 차와 먹기 좋게, 부담스럽게 달지 않고 부드러운 맛을 가졌었다. 특히 과자마다 은은하게 올라오는 각기 다른 향이 매력적이었다.
대구에 가게 되었을 때 소중한 이에게 줄 선물이 고민된다면 비둘기제과점에 방문해 보자. 이곳의 과자는 분명 누구나 좋아할 선물이 되어 줄 것이다. 물론 거기에는 나에게 주는 선물 또한 포함된다.

**주소** 대구 중구 동덕로30길 110 **전화** 비공개, 카카오톡 비둘기제과점으로 문의 **영업 시간** 평일 12:00~15:00, 토·일·공휴일 12:00~17:00, 월·화요일 휴무 **메뉴** 마들렌(1.6), 휘낭시에(1.6), 흑당호두머핀(2.6), 쿠키류(봉지 3.3~) **주차** 매장 앞 **같이 가볼 만한 곳** 썬빌로우 베버리지, 컬렉팅더모먼츠, 검은 구상

## 바닐라 스위트
### @vanilla_suite_official

늦은 오후가 되면 통유리로 된 창가로 따스한 햇살이 아름답게 깔리는 곳. 아이보리색 벽면과 하얀 테이블이 놓인 깔끔한 공간이다. 신촌역 근방에 위치해, 접근성까지 좋은 바닐라 스위트. 쇼트케이크와 레어치즈케이크, 판나코타 등에 계절의 흐름에 따른 제철 과일을 곁들여 판매한다. 음료 역시도 그에 맞추어 조금씩 변화를 준다. 특히 무화과, 딸기 시즌이 되면 인기가 더욱 많아진다. 시그니처라고 할 수 있는 스테디셀러 고정 디저트는 쑥인절미 갸또. 쑥이 들어간 갸또(케이크)에 인절미 크림을 올린 이 디저트는 과하게 달지 않아 남녀노소 호불호 없이 좋아하고, 예쁘기도 예뻐 기념일에 홀케이크로 주문해 가는 사람이 많다.

바닐라 스위트의 주인장인 유리 님은 정교하고 특징이 도드라지는 디저트를 하기보다는 누구나 좋아하고 편하게 먹을 수 있는 디저트를 선호하는 사람. 그래서 매장의 꾸밈이나 디저트에서도 그러한 취향이 잘 묻어난다.

**주소** 서울 마포구 서강로 122  **영업 시간** 12:30~20:00, 휴무 및 영업 시간 변동은 공식 인스타그램 피드 캘린더 참고  **메뉴** 커피(4.5~), 에이드(6.0~), 케이크(6.5~)  **주차** 불가, 근처 공영주차장 이용  **근처 가볼 만한 곳** 릴리우드, 써밋

## 제뉴어리 피크닉
### @januarypicnic

서울 성북동의 작은 스위스를 꿈꾸는 곳. 사장님은 스위스에 가셨을 때 기억에 남은 모습을 자신의 매장에 고스란히 그려내셨다. 어느 순간부터 시그니처로 자리 잡기 시작한 'OO 달' 디저트는 계절의 흐름을 따라 이름을 붙여 4가지 맛이 모두 완성되었다. 기본적으로 머핀을 베이스로 계절과일과 다양한 크림, 콤포트가 들어간 네 가지 계절 달. 화사한 색감의 과일과 노란 머핀, 하얀 크림, 초록색 허브로 장식한 모양새가 어찌나 아름다운지 저절로 사진을 남기게 된다. 계절마다 맛이 다른 건 당연하지만, 크림치즈 머핀은 공통이다. 그중 겨울 달을 예로 들자면 안에 라즈베리 콤포트가 들었고, 생크림과 커스터드 크림을 올렸다. 주변에 흩뿌려 놓은 세 가지 베리로 상큼한 맛이 주가 되는 디저트. 받쳐 주는 크림의 부드럽고 달콤한 맛은 언제나 과일과 궁합이 좋다.

**주소** 서울 성북구 창경궁로43길 26  **전화** 02-747-5394  **영업 시간** 12:00~18:00, 휴무일은 인스타그램 참고  **메뉴** 에이드(6.5), 계절 달(6.0~), 그린데발트 샌드위치(9.0) 등  **주차** 불가  **근처 가볼 만한 곳** 해로커피, 베이크업, 밀월, 오보록

cafe & bakery

@sane_coffee

@yukkuri_jikkuri

@saturdayisland_a

@bol_m_bol_m

@ins_mill

@_sunbelow_

@cafe_jirjungsung

@heavy_roate

@ruar_coffeebar

@septembre_atelier

@jungjiyoungcoffee

@samusil_coffee

@reception_coffee

@mypottery_

@coffee_at_theplace

@joyfulcoffee_andbooks

@arris.coffee.stand

@onthebar_coffee

@cafe_sasohan

@goof_busan

커피 & 음료

# Coffee & Beverage

산에서 쉬었다 가는 공간
# 사네

천안 도심에서 조금 떨어진 덕지리의 높다란 언덕에 있는 카페, 사네. 약간 깊숙이 들어왔을 뿐인데 주변은 아직 개발되지 않은 동네의 정취가 물씬 묻어난다. 한눈에 봐도 저기가 사네구나, 하고 알 수 있는 지은 지 오래되지 않아 보이는 사각의 하얀 건물. 내부 공간에는 모던하면서도 고즈넉한 묘한 분위기가 감돈다.

@sane_coffee

**카페로 피서를 간다면**
**이런 느낌이 아닐까**

왼쪽은 넓은 쉐어 테이블, 중앙에는 여러 소품과 식기를 진열해 놓은 테이블이 있고, 뒤편으로 야외로 나갈 수 있는 문도 보인다. 오른쪽에도 제법 많은 자리가 마련되어 어지간하면 웨이팅 할 일은 많지 않겠다 싶었던 곳. 물론 내가 간 날에도 사람이 참으로 많았다. 하지만 복작거림에도 첫인상이 좋았다. 다들 카페로 피서를 온 듯 보이는 여유로운 분위기다.
주문을 하는 메뉴판이 아기자기하다. 귀엽게 그린 그림과 차분한 글씨체로 타이핑된 메뉴 이름 또한 이 장소와 퍽 잘 어울리는구나 싶었다. 연필로 표시해 주문을 한 뒤 잠시 기다리니 음식이 나와 사진에 담아 보았다. 기다리면서 앉아 있던 자리에서 찍으니 유리에 하늘의 반영이 걸려 퍽 멋스러운 구름이 고스란히 담겼다. 야외로 나가니 정면에 별채가 세워져 있고 그 주변으로 군데군데 자리가 마련되어 있다. 하나하나가 전부 포토스폿처럼 예쁜 야외석들. 시내가 내려다보이는 높은 곳에 자리해 탁 트인 시원한 기분을 느낄 수 있는 공간이다.


**커피와 디저트에**
**한국의 정서를 담아 낸 정성**

홍시가 들어가 같이 떠먹는 재미가 쏠쏠했던 아이스크림, 인삼이 귀엽게 꽂혀 있는 고소한 밤 맛의 라떼, 흑임자 크림이 올라간 달달 꼬숩한 커피. 다들 한국적인 정취를 조금씩 가지고 있어 좋았다. 이런 곳에선 이런 음식을 먹어야 할 것만 같았는데, 딱 그게 눈앞에 놓인 느낌이었다. 물론 외국 스타일의 디저트나 커피도 다양해 선택의 폭이 넓었다.

## 수수함을 잃지 않은
## 편안한 공간

음식을 먹으며 야외를 거닐어 보니 꽃도 보이고, 나무도 보인다. 그 또한 과하게 화려한 게 아니라 수수함을 잃지 않은 모습. 돌과 산, 나무가 어우러진 공간은 편안했다. '삶에 지친 사람들에게 잠시 내려놓을 수 있는 편안한 휴식을 드리고자 자연 속에 만들어진 카페'라는 문구에 공감하지 않을 수 없었다.

워낙 유명해진 곳이라, 사람이 많고 북적북적할 수밖에 없었지만 여백을 가진 하얀 공간이 만들어 내는 차분함만큼은 내게 잠시 다른 일을 잊을 수 있는 휴식이 되기에 충분했다.

**주소** 충남 아산시 음봉면 음봉로586번길 77-20 1층
**영업 시간** 11:00~21:30, 연중 무휴
**메뉴** 홍시 아이스크림(7.0), 인삼밤라떼(8,0), 흑임자 크림커피(6.0)
**주차** 가능
**근처 가볼 만한 곳** 페이드 인, 브루어스 커피, 뚜쥬루 돌가마점

천천히 차분히 즐기는 카페 미술관
# 정서

어디서부터 적어야 할까. 할 말이 너무나 많은 곳을 다녀왔다. 어떻게 이 곳을 알게 되었는지는 명확하지 않다. 홀연히 내게 나타난 카페, 정서. 인천에 4년 정도를 살았지만 내게 용현동은 여전히 개발이 느리고, 시간의 흐름이 고스란히 남아 있는 동네다. 지금 생각해 보면 이러한 동네여서 정서라는 공간이 생겨날 수 있지 않았나 싶다.

@yukkuri_jikkuri

### 여행에서 얻은 영감을 바탕으로
### 하나하나 만들어 낸 카페

어린 왕자가 그려진 광목, 빛바랜 건물과 많은 화분 그리고 손 글씨를 적어 만든 나무 표지판까지, 첫인상이 참 좋다. 문을 열고 들어가니, 연배가 높은 여사장님께서 맞아 주신다. 처음이라고 하니 하나하나 설명을 해주신다. 오랜만에 듣는 사이폰 커피. 퍼콜레이터라는 일종의 플라스크를 사용해 우려내는 커피다. 유럽에서 시작해 일본에서 유행을 탔다. 아니나 다를까 사장님께선 우연히 들른 일본 교토의 카페 고고가 너무나 좋아 그 영향으로 정서를 하게 되셨단다. 이곳을 오픈한 후에 고고의 사장님께 편지까지 보내셨다고 한다. 벽면엔 고고의 명함과 지도가 붙어 있다.
정서에서는 커피가 서브 되는 잔을 직접 고를 수 있다. 이 빈티지 잔은 사장님께서 직접 모으신 것들. 커피는 반숙 계란과 같이 내어주신다. 은근 궁합이 좋았다. 소금을 찍어 먹지 않아도 부드럽고 담백한 맛이 커피의 목 넘김과 제법 조화롭게 어우러진다. 커피 또한 참 깔끔했다. 기분 탓인지 다른 필터로 내린 커피보다 더 깨끗한 뉘앙스가 느껴졌다.


### 구석구석 배인
### 사장님의 흔적을 찾는 즐거움

정서의 내부는 미술 도구와 빈티지 가구, 캔화분, 손수 만든 메뉴판 등으로 참 아름답게 꾸며져 있다. 밖에서도 본 캔화분이 눈에 띄어 여쭈어 보니, 버려지는 캔을 재활용해 직접 만드셨단다. 화분엔 용현동의 모습이 고스란히 담겨 있다. 자전거를 탄 집배원의 모습, 지팡이를 짚은 노인 등 동네에서 영감을 얻은 그림들. 나는 구석구석 사장님의 흔적을 찾아보는 즐거움에 푹 빠졌다.

## 희미해져 가는 기억을
## 모아 두는 공간, 정서

카페 안쪽엔 작업실이 있다. 패턴이나 실, 가위 등 옷을 만들 때 사용하는 도구들이 놓여 있는데, 어느 오래된 의류 공장이 문을 닫을 때 그 사라짐이 아쉬워 몇몇 물건을 가져와 공장의 흔적을 남겨 놓았다고 한다. 이후 공장의 사장님께서 와 보고 무척이나 신기해하셨다고. 나와 사장님은 흘러간 세월에 관한 이야기를 많이 나눴다. 사장님이 찍은 옛 서울의 모습이 담긴 사진, 기차에서 만난 할머니의 사진, 차마 전해주지 못한 소녀의 사진 등 사라져 가는 공간, 희미해져 가는 기억을 고스란히 정서에 모아 두고 계신 사장님. 참 신기한 노릇이다. 카페에서 이런 대화를 할 수 있다는 것은.

사장님께선 지나가는 자동차 소음 또한 정서의 일부라 하셨다. 나는 항상 불편한 점을 고치려고만 했지, 있는 그대로 받아들이려 한 적이 없었는데. 사장님께선 그 또한 정서의 한 부분으로 받아들이고 계셨다. 남겨 놓는다는 말의 진정한 의미는 바로 이러한 게 아니었을까? 시간을 고스란히 머금은 카페. 이곳에 들러 남겨진 시간에 푹 빠져들어 보자. 정서의 철학은 '천천히 차분히'라고 한다. 천천히 차분히 경험하는 시간과 그 여운은 분명 따뜻함 이상으로 기억에 남을 것이다.

**주소** 인천 미추홀구 경인남길102번길 31
**영업 시간** 11:00~22:00, 수요일 휴무
**메뉴** 사이폰 커피(5.0~)
**주차** 불가
**참고** 노키즈 존
**근처 가볼 만한 곳** 다맛차, Yiyi

coffee & beverage 198

제주도의 시칠리
# 세러데이 아일랜드

비 오는 날의 제주. 운전하는 내내 차 앞유리를 때리는 세찬 비가 내렸다. 1시간 정도를 운전해 도착한 서귀포의 카페. 딱 오픈 시간인데 우산을 들고 줄을 서 있는 두세 팀 정도의 사람들이 보인다. 그때만 해도 몰랐었다. 가게 옆의 키오스크에서 대기표를 뽑아야 한다는 사실을. 안에는 들어갈 수 있겠다 싶었던 나의 기대는 그렇게 장대비와 함께 깨끗하게 씻겨 내려갔다. 11번이라는 대기표를 받고 근처의 다른 카페로 가 비를 피했다. 그 후 대략 한 시간 반 정도를 기다려 우여곡절 끝에 방문한 카페, 세러데이 아일랜드.

@saturdayisland_a

## 이탈리아의 고택에 방문한 듯한 공간
## 제주여서 더욱 이국적인 분위기

돌담에 문을 만들어 놓은 입구. 메인 건물 앞의 표지판에 적힌 팔레르모, 카타니아 같은 지명이 이탈리아의 어딘가를 나타내고 있다. 동화 속보단 조금 더 현실적인, 마치 영화 세트장에 들어와 있는 듯한 공간이다. 날이 좋았다면 야외의 좌석에도 사람이 가득 찬 모습을 볼 수 있었을 텐데….

내부에서도 역시 비슷한 느낌을 받았다. 벗겨진 칠의 질감이 살아있는 벽면. 고재 소재의 문짝으로 만든 테이블과 의자 그리고 걸려 있는 프라이팬이나 두꺼운 재질의 패브릭, 흙색 도자기, 금속 촛대 같은 물건들의 유럽 빈티지 감성이 도드라지는 인테리어. 특히 공간의 분위기를 더욱 고조시켜 주는 이 벽면이 인상적이었다.

가장 인기가 많은 창가 쪽은 전엔 자리였지만 지금은 여럿이 돌아가며 사진을 남길 수 있게 포토존으로 쓰이고 있다. 거의 모든 손님이 이곳에서 사진을 남겨갔다. 물론 나 또한 마찬가지. 제주의 카페는 항상 언제 다시 올지 모른다는 생각에 사진을 남기는 일에 주저함이 없어진다.

## 이탈리아 분위기에 어울리는
## 음료와 음식들

음료는 커피와 주스, 스무디 그리고 이탈리아의 주류가 있고, 디저트로는 크로와상과 그걸 베이스로 만든 부라따 빠죠를 갖춘 구성. 이곳에서만 볼 수 있는 커피인 랭코 파파는 플랫화이트 베이스에 달콤한 맛이 추가된 메뉴였고, 부라따 빠죠는 큼지막한 부라타 치즈를 크로와상에 곁들여 메이플 시럽과 함께 내어주는 심플한 조합의 디저트였다. 부드러운 부라타 치즈의 풍부한 유제품 맛에 달큰한 메이플 시럽과 바삭하고 고소한 크로와상이 더해지니 맛이 없을 수가 없다.

비오는 날의 옛 이탈리아가 이랬을까? 궂은 날씨가 아쉽지 않을 정도로 멋스러운 카페였다. 아침엔 야외에 앉아 식사를 하고, 저녁이 되면 화덕에 불을 켜고 도란도란 모여 앉아 여유를 즐길 것만 같은 이탈리아 사람들의 모습이 상상이 되는 곳. 이 세러데이 아일랜드라는 영화 속의 한 장면이 되고 싶어하는 많은 사람의 심정을 나도 공감할 수 있었다. 같은 사장님이 운영하는 평대리의 식당 세러데이 아일랜드 또한 시간이 된다면 들러 보길 권한다.

**주소** 제주 서귀포시 남원읍 남한로21번길 28
**영업 시간** 12:00~18:00, 화·수요일 휴무
**메뉴** 부라따 빠죠(16.0), 랭코 파파(7.0), 망고의 패션(8.0)
**주차** 가능
**근처 가볼 만한 곳** 인디고트리, 동백포레스트

찻집을 하는 어머니, 카페를 하는 아들
# 보램보램

나주와 광주에서 일을 보고 시간이 되어 들른 카페, 보램보램. 서울과 인천에서 왔다는 말에 어떻게 찾아왔느냐며 사장님은 신기해하셨다. 과연 동네는 제법 한산한 분위기의 조용한 주택가. 그 점이 이 보램보램이라는 공간과는 더 잘 어울렸다. 복작복작한 도심의 한복판에 있었으면 외려 그 느낌이 조금은 죽지 않았을까?

@bol_m_bol_m

## 한 사람의 취향이
## 조화롭게 담긴 공간

들어오는 순간부터 눈을 사로잡는 요소는 테이블과 식기들이다. 특히나 도자기 잔은 작가님께 직접 제작을 부탁해 만들어 온 것이라고. 이곳에서만 볼 수 있는 유니크한 물건이라 한참을 바라보았던 기억이 난다. 또 이런저런 질문을 드리다 보니 의외의 대답을 듣게 되었다.
어머니께서 광주의 다른 곳에 하원재라는 찻집을 하고 계셔서 이쪽 일에 관심이 가게 되셨다는 사장님. 본인의 공간은 커피를 접목해 조금 더 캐주얼한 카페로 만들어 내셨다. 글을 쓰면서 찾아본 하원재의 인스타그램에선 아들의 독립을 따스하고 뿌듯한 마음으로 바라보시던 어머니의 애정이 가득 담긴 글도 볼 수 있었다.
보램보램은 군데군데가 전부 나의 취향을 저격하는 카페였다. 나는 이 공간을 이루는 모든 요소가 마음에 들었는데, 페인트 냄새를 없애기 위해 피워 놓은 향도, 걸려 있는 앞치마 밑으로 가지런하게 정렬된 신발도, 모퉁이에 놓인 돌이나 테이블에 깔아 놓은 천까지 다 그러했다. 테이블이며 의자 같은 것들은 말할 필요도 없다.


## 커피와 차,
## 원하는 타입으로 선택하는 재미

차는 주문을 하기 전 시향을 해볼 수가 있었는데, 나는 그중 가벼운 과일 또는 꽃과 같은 향이 매력적인 차를 선택했다. 그리고 휘낭시에와 커피까지.
차는 티코지를 티팟에 덮어서 주는 것이 특징. 이런 부분까지 세심하게 신경을 써주는 것도 기억에 남는 부분이다. 커피 또한 몇 가지 중에 고를 수 있었는데 무산소 발효 특유의 풍미가 느껴졌다.

함께 간 일행은 이곳이 너무도 만족스러워 더 이상 다른 곳을 가고 싶지 않다고 했다. 나도 비슷한 심정이었다. 정성스럽게 내린 차와 커피를 마시고 깔끔한 디저트를 곁들이는 시간. 이른 시간이라 충분히 즐길 수 있을 거라고 말씀해 주신 사장님의 말처럼 우리는 보램보램에 머무는 시간에 푹 빠져 있었다. 포크에도 감탄해 보고, 장식으로 놓인 망치를 보고도 감탄해 봤으니 말이다.

어머니의 눈매를 퍽 닮은 사장님. 나가면서 인사를 드리니 환하게 웃으며 화답을 해주신다. 누구라도 기분이 좋아질 미소다. 첫 방문이었지만, 내게 보램보램은 예의 바르고, 친절하고, 겸손하면서 깊이 있는 공간을 만들어 나가길 바라는 어머니의 마음이 그대로 사장님께 투영되고 있는 그런 곳이었다.

**주소** 광주 남구 봉선로25번길 11 1층
**전화** 010-7416-8769
**영업 시간** 12:00~22:00, 수요일 휴무
**메뉴** 티(6.0), 드립 커피(6.0~7.0), 휘낭시에(2.8)
**주차** 불가, 주변 주택가 이용
**근처 가볼 만한 곳** 하원재

제주 토박이가 모여 만든 방앗간
# 인스밀

얼핏 보면 해외로 착각할 법도 하다. 종려나무를 가득도 가져다 놓았다. 화산송이와 돌은 또 어디서 가져왔을까? 처음 이곳을 보는 순간, 감탄밖에 할 수가 없었다. 첫인상은 동남아나 하와이, 휴양지를 보는 것 같았다. 주변엔 바다만 보이는 대정읍 일과리의 오래된 마농(마늘) 창고를 개조해 만든 공간이라는 방앗간, 아니 카페 인스밀. 제주다우면서도 또 제주답지 않은 이 공간이 그렇게 문을 열었다.

@ins_mill

**가장 제주다운 곳에 자리한**
**제주 토박이의 카페**

주차장에 차를 대고 들어가며 마주하는 파란 하늘과 푸른 나무, 붉은 바닥 등의 조경이 장관이라 잠시 넋을 잃고 바라보게 된다. 반대편으론 해안가의 암석을 건너 다니며 노는 아이들의 모습이 정겹게 다가온다.
인스밀은 많은 부분을 스스로 만들었다. 음식에 사용하는 보리를 재배하고 그것을 담는 도마, 도자기부터 스푼과 같은 작은 기물까지 직접 제작했다. 물론 그 식기들이 기성품보다 다루기 더 편한 것은 아니었지만 제주의 손길을 온전히 담아 내려는 의도가 느껴졌다.


**모든 것을 잊고**
**가만히 앉아 있고 싶은 공간**

반면 인스밀의 내부까지 아기자기하지는 않다. 창고였던 공간의 특징을 그대로 살린 구조. 드러난 서까래와 벽돌 바닥, 그에 어울리는 철제 테이블 등에서 살짝 차가운 느낌마저 든다. 입구의 오른편으로 카운터가 자리를 잡았다. 이곳이 방앗간임을 강조하기라도 하듯 보리 포대와 절구, 농기구 등의 물품을 오브제로 진열해 놓았다.
내부도 내부지만, 야외에 더욱 많은 테이블을 갖추었다. 그만큼 넓기도 넓어 돌길을 따라 나무로 만든 테이블과 의자가 쭈욱 늘어서 있었다. 또한, 건물의 옥상, 짚을 엮어 만든 지붕 사이사이 공간엔 루프탑 자리까지 틈틈이 배치한 모습. 야외의 길 안쪽 멋들어지게 아치형으로 구부러진 나무 앞 테이블에 자리를 잡고 앉으니, 해외가 딱히 부럽지가 않다. 솔직히 움직이지 않은 채로 한동안 모든 일을 잊어버리고 싶었다.

## 서양 음식에 제주의 특색을 더해 해석한
## 인스밀만의 메뉴

주문한 음식은 제주 보리 미숫가루인 제주 개역과 보리 아이스크림. 그리고 마농 스콘까지 더했다. 방앗간과 마늘 창고라는 장소적 특성을 접목한 음식들. 미숫가루는 익숙한 곡물의 고소함과 설탕의 달달함이 목을 타고 넘어온다. 어린 시절로 시간 여행을 온 듯한 기분에 빠지게 되는 추억의 음료. 아이스크림엔 떡과 보리로 만든 뻥튀기 그리고 보리 쿠키가 더해져서 나온다. 제주 개역을 아래에 자작하게 부어 주는데 떡이 들어가서 그런지 빙수와도 비슷한 느낌이 들었다. 마농 스콘은 딱 마늘빵이 생각나는 마늘 소스를 스콘 위에 뿌렸다. 진하게 올라오는 마늘 향과 플레이트에 바른 딸기잼 또한 재미난 포인트.

물받이로 큰 옹기를 사용하는 화장실, 개역에 들어간 투박한 사각 얼음, 안내 카드에 적힌 제주 방언 등 규모가 제법 큰 카페였는데도 군데군데 디테일이 잘 살아있었다. 보리와 방앗간 그리고 가장 중요한 제주라는 요소를 공간에 입히기 위해 많은 고민이 들어갔음이 분명하다. 제주의 서쪽 서귀포 근방으로 여행을 오게 된다면 인스밀을 빼먹지 말기를. 제주 여행에 해외 여행까지 곁들일 수 있을 테니 말이다.

**주소** 제주 서귀포시 대정읍 일과대수로27번길 38
**영업 시간** 10:30~20:30, 연중무휴
**메뉴** 보리 개역(6.0), 마농 스콘(4.5), 보리 아이스크림(7.0)
**주차** 가능
**근처 가볼 만한 곳** 청춘부부, 어린왕자 감귤밭

cafe & bakery

우아함과 맛을 동시에 잡다
# 썬빌로우 베버리지

대구 삼덕동의 카페 거리를 걷다 보면 이국적인 분위기를 뿜어 내는 2층 건물을 발견할 수가 있다. 큰 창에는 광목으로 만든 커튼이 둘러 있고, 밖에는 식물이 심어진 화분을 꽤 많이 가져다 놓았다. 그 옆의 2층으로 가는 나무문까지, 분명 화려한 꾸밈은 아닌데 시선을 확 사로잡는다. 흔히 말하는 꾸민 듯 안 꾸민 듯하다는 게 이런 거겠지.

@_sunbelow_

## 수수하면서 가녀린 분위기
## 유럽의 어딘가를 떠올리는 카페

매장은 연한 회색 톤의 벽과 고제 테이블, 도자기 등으로 인테리어를 했다. 역시나 이국적이다. 유럽의 가정집 같기도 하고 소품 숍 같기도 한 분위기. 기다랗게 내려온 전등, 걸려 있는 바구니, 식물의 줄기에서 보이듯 선이 참 가느다란 곳이다.

유럽 빈티지 감성이 여기저기에서 묻어나는 썬빌로우 베버리지. 사진을 담으려고 시선을 옮길 때마다 참 구석구석이 하나의 프레임처럼 섬세하게 가꿔져 있다는 느낌을 받았다. 나는 벽을 바라보고 앉아야 하는 높은 테이블에 앉았지만, 일반적으론 창가 쪽의 소품이 많이 놓인 자리가 인기가 많았다.

## 예쁘기만 한 게 아닌
## 썬빌로우 베버리지의 음식

사실 인테리어도 그렇지만 음식의 차림까지도 공간과 잘 어우러지는 카페였다. 나무 도마 위에 올려 내어주는 잠봉뵈르 샌드위치와, 꽃을 살짝 올려 쿠키와 함께 장식한 레몬쿠키컵은 예쁘다는 말이 절로 나왔다. 조그마한 휘낭시에를 올린 접시는 예전부터 내가 가지고 싶었던 브랜드의 물건. 게다가 작은 스푼까지 흔히 보기 힘든 식기라 더 마음에 들었는지도 모르겠다.

달달 꼬숩한 커피인 아몬드 라떼는 호불호 없이 누구나 좋아할 맛이었고, 메인이라고 할 수 있는 잠봉뵈르 샌드위치는 바삭함이 아주 잘 살아 경쾌하게 씹히는 바게트를 사용했다. 고소하면서도 밸런스 좋은 빵에 듬뿍 넣은 소금집 잠봉햄의 짭조름함과 두껍게 썰어 넣은 버터의 부드러움이 더해진 맛. 잠봉뵈르는 만들기가 간단해 쉽게 보는 사람이 많지만 의외로 직접 만들어 보면 이렇게 딱딱 어울리는 빵과 햄, 버터를 찾아내기가 쉽지 않다.

**차림새와 맛 모두
만족스러운 디저트**

거기에 상큼하게 입가심을 할 수 있는 디저트, 레몬쿠키컵. 서걱거리면서도 가볍지 않은 질감의 아이스크림은 레몬커드에서 느낄 수 있는 신맛과 달콤함이 동시에 올라오는데, 크림이 부드러운 맛을 더해 튀지 않도록 레몬 맛을 감싸 주었다. 올라간 쿠키는 쿠크다스 비슷한 식감에 고소하고 담백한 타입. 겉은 바삭 속은 촉촉했던 휘낭시에나 포장해 가서 먹은 단호박 푸딩까지도 풍미가 좋았다. 푸딩은 고급스러운 포장에서도 감탄했지만, 맛을 보고 더 놀랐던 녀석.

참 섬세하게 만들어진 공간, 썬빌로우 베버리지. 비슷한 스타일을 가진 카페는 서울에서도 많이 볼 수 있지만 이만한 데가 얼마나 있을까를 생각해 보면 쉽게 답을 하긴 힘들지 않을까. 무척이나 친절하셨던 사장님의 인상까지 기억에 남았던 곳이다.

**주소** 대구 중구 달구벌대로 447길 31 1층
**영업 시간** 12:00~18:00, 휴무는 공식 인스타그램 참조
**메뉴** 아몬드 라떼(5.0), 잠봉뵈르 바게트 샌드위치(10.5), 레몬쿠키컵(5.5)
**참고** 노키즈 존(10세 이하)
**주차** 불가
**근처 가볼 만한 곳** 비둘기 과자점, 사운즈커피, 괜스레

coffee & beverage

밀크티 한 병에 담긴 진정성
# 카페 진정성

카페 진정성을 처음 알게 된 건 다른 이들과 마찬가지로 시그니처 음료인 밀크티 때문이었다. 그것도 꽤 오래 전 일이다. 당시에 아는 이들을 따라가 먹어 본 밀크티는 '과연' 이라는 말이 나올 만큼 그 맛이 좋아 기억에 오래도록 남았다. 이제는 여러 곳에 지점을 가진, 어찌 보면 카페 좀 다닌다고 하는 사람들은 다 알고 있는 너무나 유명해진 곳이다.

@cafe_jinjungsung

## 자신의 방식을 고집하는 우직함이
## 이곳의 비결이 아닐까

그 후 나는 카페 진정성의 김정온 대표님과 오디너리핏 팀으로 인연을 맺게 되었다. 동갑이라곤 믿어지지 않을 만큼 다재다능하고, 카페 운영과 음식에 있어 허투루가 없는 분이셨다. 언젠가 샌드위치에 쓸 바질 페스토 이야기가 나왔을 때 "그럼 바질을 어디에 키울까요?"라는 말을 당연스럽게 꺼내는 분. 차(tea)가 필요하면 직접 산지로 내려가 목적에 맞는 차를 구해 오신다. 시판 제품을 사다 쓰면 될 법도 한데 우직하게 자신의 방식을 고수하고 계신다.

## 더 퍼스트 펭귄과의 협업으로 탄생한
## 김포 본점의 유니크한 공간

2017년 이전한 김포의 본점을 처음 방문하고 감탄하지 않은 사람이 있었을까? 지금 다시 방문해 보아도 정말 멋지다는 말이 절로 나오는 공간이다. 입구에 석재로 벽을 둘러놓은 압도적인 분위기의 인테리어는 계단과 벽면, 바의 소재 하나하나에서도 고급스러움이 묻어난다. 그럼에도 좌석은 편안하게 머물다 갈 수 있도록 만들어진 진정성 본점.
이곳은 사방에서 바리스타를 볼 수 있는 개방형 바를 가졌다. 야외 테라스의 풍경 또한 교외 뮤지엄에 온 듯 우아하게 펼쳐져 있다. 계단을 내려가면 넓은 잔디밭을 바라보며 머물 수 있는 공간이 마련되어 있다. 거기에 프라이빗한 휴식처인 별관까지 차분한 분위기로 꾸며 놓았으니 도대체 공이 얼마나 들어간 걸까 싶다. 진정성의 공간은 주로 디자인 스튜디오 더 퍼스트 펭귄과의 협업으로 이루어지고 있다. 웰메이드 공간을 만들어 내는 브랜드이니만큼 진정성과 그 결이 참 잘 맞다.

진정성에는 티라미수를 비롯해 구움과자도 있고 이북식 인절미나 앙버터 판도로 같은 다양한 디저트를 볼 수 있다. 부드럽고 은은한 단맛이 좋았던 인절미는 얼그레이 티의 향을 고물에 녹여내 독특한 매력까지 가진 떡. 이탈리아 크리스마스 빵인 판도로는 살짝 구워, 국내산 팥을 직접 쑤어 만든 앙금과 버터를 곁들여 주는데 자극적이지 않고 팥 자체의 맛이 살아있는 앙금이 무척 인상적이었다.

진정성이란 매장 이름을 지으며 대표님께선 어떤 생각을 품으셨을까? 정성껏 좋은 재료로 만들어낸 음식은 어떻게든 알려지게 되어 있다. 우려내는 데 번거롭고 오랜 시간이 걸리는 진정성의 밀크티를 사람들이 알아준 것처럼 말이다. 언젠가 앞으로의 행보에 관해 이야기를 나누다, 나는 이분을 응원하고 싶어졌다. 그것은 다른 이유가 있어서도 아니고 단지, 진심은 통한다는 말이 정말로 진실이 되어 내게 와 닿을 것만 같아서였다.

### 본점
**주소** 경기 김포시 하성면 하성로 660 **전화** 031-986-5520 **영업 시간** 11:00~22:00
**주차** 가능 **메뉴** 커피(4.2~), 밀크티(컵 5.2 / 보틀 7.5~), 앙버터 판도로(7.5) 등. 전 지점 동일

### 김포 기점
**주소** 경기 김포시 양촌읍 석모로45번길 35-9 **전화** 031-988-1180 **영업 시간** 11:00~22:00 **주차** 가능

### 다실(재정비 중)
**주소** 경기 김포시 월곶면 김포대로2836 **주차** 가능

### 여의도점
**주소** 서울 영등포구 국제금융로8길 31 SK증권빌딩 1층 **전화** 02-6484-5133
**영업 시간** 08:00~19:00, 주말 11:00~19:00 **주차** 가능

### 논현점
**주소** 서울 서초구 신반포로 321 **전화** 02-3446-1180 **영업 시간** 08:00~20:00, 주말 12:00~20:00
**주차** 가능

### 제주 종점
**주소** 제주 제주시 서해안로 124 **전화** 064-747-7674 **영업 시간** 09:00~21:00 **주차** 가능

건축과 커피 그 어딘가
# 헤비 로테이트

벌써 2년도 넘었다. 서울 도림동이라는 동네에 당시로서는 신상 카페였던 이곳을 방문한 지도. 그때와 인테리어가 크게 달라지진 않았다. 테이블로 쓰는 나무 밑동과 여러 식물로 자연적인 분위기를 뿜어내고, 한자가 적힌 액자들이 경건한 분위기를 조성하고 있는 카페. 물론 인테리어적인 느낌과는 다르게 굉장히 활기찬 기운이 흐르는 곳이다.

**@heavy_roate**

## 오래된 골목,
## 개성과 감성이 넘치는 공간

서울이라지만 제법 오래된 골목에 참 감성적인 카페를 차리셨다. 어디서도 보기 힘든 개성적인 인테리어는 바로 사장님의 작품. 전문적으로 건축 일을 겸하시기 때문에 이 공간을 직접 만들어 내셨다. 그러면서도 커피 또한 깊이 있게 다루신다. 두 가지 일을 훌륭하게 병행하고 계시는 분이다.
이곳은 에스프레소 베이스 커피에 집중한 것이 특징이다. 질 좋은 에스프레소 추출을 위해 압력이며 추출량, 온도 등 각종 수치를 완전 수동으로 조절하기도 한다. 물론 추후에는 핸드 드립 커피 바도 생각 중이시라고.
에스프레소를 이용한 라떼 메뉴가 많은 헤비 로테이트. 차가운 우유 위에 바로 에스프레소를 추출해 넣는 에스프레소 라떼나 초콜릿이 살짝 들어간 리체 라떼, 아이스크림을 푸짐하게 올려주는 헤비 라떼까지 라떼를 이렇게 다양하게도 만드는구나 싶을 정도다.


## 꾸준히 경험하고 도전하는 사람의
## 활기가 가득한 곳

사장님과 처음 대화를 나눈 건 첫 방문 때 이리저리 사진을 찍고 있는 내게 먼저 말을 건네주시면서부터였다. 그 이후로 헤비 로테이트에는 자주는 아니어도 꾸준히 방문하고 있다. 그간 사장님께선 건축 공부로 유학을 다녀오시고 헤비 로테이트 옆에 도림 서재라는 독립서점을 만들기도 하셨다. 처음엔 손님이 드문드문해 사장님과 둘이 여러 이야기를 나누며 많은 추억이 쌓였다. 걸려 있는 서프보드에 대한 대화를 나누다 강원도 서퍼스 파라다이스라는 카페에 계시던 시절 이야기를 듣기도 했고, 어떤 날엔 매장에서 함께 환경에 대한 다큐멘터리를 본 적도 있었다. 그러고 보니 헤비 로테이트는 환경 보호에 동참하기 위해 플라스틱 사용을 줄이고, 생분해 빨대와 컵을 사용하고 있는 카페이기도 하다.

얼마 전엔 매장 근처에 위스키 바인 바 헤비, 레스토랑인 헤비올라잇을 오픈하셨다. 항상 무언가를 바꾸고 시도하는 사장님. 친구들과 크루를 만들어, 태어나고 자란 동네에 활기를 불어넣는 모습을 보고, 이쯤 되면 도림동에 헤비 스트리트를 조성한 게 아니냐는 농담을 던졌다. 어쩌면 나중에 정말 도림동 혹은 또 다른 지역에 헤비라는 브랜드로만 채워진 거리를 짠 하고 선보이실 것만 같은 기분이 들었다.

**주소** 서울 영등포구 도림동 241-16
**전화** 010-6424-8260
**영업 시간** 12:30~21:00, 월·화요일 휴무
**메뉴** 커피(4.0~), 크루치토(6.5)
**주차** 불가
**근처 가볼 만한 곳** 바 헤비, 헤비올라잇

## 루아르 커피바
@ruar_coffeebar

봄이 되면 더욱 생각나는 카페가 있다. 바로 서울 대흥동의 루아르 커피바. 벚꽃 중에서도 개화 시기가 늦은 겹벚꽃이 피어나는 마당으로 유명한 카페. 외벽을 가진 벽돌 건물의 1층을 카페로 사용한다. 마당의 나무 테이블과 파라솔이 주택가 한복판에서 여행을 떠나 온 듯한 분위기를 만들어 낸다.

내부는 붉은 조명과 벽돌색 바닥 타일, 검은 테이블로 차분한 분위기가 흐른다. 야외석을 주로 놀러 온 분들이 차지한다면 내부는 과제를 하러 온 대학생이나 동네 사람들의 차지.

음료로는 에스프레소 커피와 브루잉 커피 그리고 논 커피인 티와 에이드까지 모두 갖추었다. 시그니처는 이탈리안 카푸치노. 디저트로는 쿠키와 레어 치즈케이크가 있고, 특이하게 바닐라 빈 커피시럽을 판매하고 있다. 요게 은근 재미난데, 우유에 타 먹으면 딱 바닐라 라떼의 그 맛이 나서 집에서 요긴하게 사용할 수 있는 아이템이다.

나의 팀 동료이기도 한 루아르 커피바의 강병석 사장님은 젊은 나이임에도 제법 오랜 경력을 가진 바리스타다. 그는 대흥동 매장 외에 사당동과 창신동에 소셜 오일장이라는, 요일 또는 달마다 주인이 바뀌는 독특한 콘셉트의 매장을 같이 운영한다. 카페 창업에 뜻이 있는 사람 또는 카페 일을 직접 경험해 보고 싶은 사람에게 연결 고리 역할을 하는 공간이다. 소액의 참여비로 카페의 모든 기물을 사용할 수 있고, 수익은 모두 그날 운영한 사람의 몫이 된다. 원한다면 커피 교육까지 받을 수 있으니, 오일장엔 1년 남짓한 기간 동안, 주거 취약계층을 돕는 빅이슈 팀을 비롯해 많은 팀이 거쳐갔고 그중엔 여기에서의 경험을 발판 삼아 본인의 카페를 창업한 사람도 있다.

루아르 커피바의 첫인상은 그저 겹벚꽃이 아름다운 카페였지만 실제론 짧은 시간 피고 지는 꽃보다 더 아름답고 긴 지속성을 가진 곳이었다. 넓게 장사, 좁게 카페의 일도 결국은 사람과 사람의 연결을 통해 이루어지는 것이다. 루아르 커피바엔 손님으로 방문했다가 사장님과 연을 맺게 되는 사람들이 많다. 내가 참여하고 있는 오디너리핏 팀이 그러하듯 말이다. 최근 제주와 망원동에도 새 매장을 낸 루아르 커피바. 또 그곳엔 어떤 이들이 인연을 맺게 될까?

**주소** 서울 마포구 독막로34길 32 1층 **전화** 010-7224-0491 **영업 시간** 12:00~19:00, 토·일요일 10:00~19:00 **메뉴** 커피(3.0~), 이탈리안 카푸치노(4.5), 쿠키(3.5), 레어 치즈케이크(7.0) 등 **주차** 불가 **근처 가볼 만한 곳** 디어 모먼트, 살구다방, 클로드 커피

## 구월 아뜰리에
**@septembre_atelier**

충남 서산 시청 근처의 작은 도로변, 하얀 타일이 붙어 있는 건물은 목재로 만든 화분과 문틀로 수수하게 꾸며져 있었다. 어떠한 곳인지 설명이 적혀 있기는 하지만 관심이 없다면 그냥 지나치기 십상인 매장. 가뜩이나 인적이 많은 도심도 아닌지라 '정말 아는 사람만 오겠구나'라는 생각을 하며 문을 열었다.

세상에 이런 곳이! 하얀 벽, 수많은 물건 그리고 고제 가구들. 척 봐도 예사 물건이 아니다. 섬세한 만듦새의 테이블, 의자, 장식장, 선반…. 물론 내가 고제 예찬론자라 더 그럴 수도 있겠지만, 공간이 내뿜는 '수수한 우아함'은 이 가구들을 빼놓고는 생각할 수가 없었다.

작은 메뉴판을 내어주시는 사장님의 차분한 분위기 또한 공간과 닮아 있다. 수많은 빈티지 커틀러리와 잔, 접시…. 하나같이 매력적인 물건들만을 모아 두셨다. 모두 집으로 가져오고 싶었지만, 나의 빈약한 지갑은 기대도 말라는 표정을 짓고 있을 뿐이었다. 하지만 구경은 자유 아니겠는가. 가게 안쪽 방에는 물건뿐만 아니라 의류, 액세서리까지 진열되어 있었다. 소품숍에 온 듯, 구제숍에 온 듯 구월 아뜰리에의 구석구석을 나는 놓치지 않으려 애썼다.

구월 아뜰리에의 커피는 서울의 유명한 로스터리 카페인 이미 커피 로스터스의 원두를 사용한다. 핸드 드립 커피를 정성스레 내려주시는 사장님의 모습만큼이나 그 향이 좋았다. 디저트는 매번 바뀌는 모양인데, 내가 들른 날에는 크렘브륄레가 '그날의 디저트'였다. 오븐에 익힌 커스터드 크림에 설탕을 올려 토치로 그을려 낸 디저트. 크렘 브륄레는 가게마다 미묘한 질감의 차이가 있는데 구월 아뜰리에의 것은 내 입맛에 딱 맞았다.

빈티지 물건이 놓인 방 한쪽 구석에는 작은 작업대 같은 테이블이 눈에 들어온다. 스탬프나 실, 가위, 줄자 따위의 물건이 놓인 작업대가 이렇게 감성적일 수 있을까? 제품을 다듬고 포장하는 사장님의 모습이 절로 그려진다. 구월 아뜰리에가 내게 기억에 남은 이유는 단순한 아름다움을 넘어 이렇게 사장님이 직접 고르고 매만진 물건들이 공간에서 숨 쉬고 있었기 때문이다.

**주소** 충남 서산시 문화로 3  **영업 시간** 12:00~21:00, 월요일 휴무, 공식 인스타그램 확인 필요  **메뉴** 핸드드립 커피(7.5~), 카페 오레(6.5), 그날의 디저트(가격 상이)  **주차** 불가, 근처 주차창 이용  **근처 가볼 만한 곳** 기록, 샌드힐 카페

coffee & beverage

## 정지영 커피 로스터즈
**@jungjiyoungcoffee**

몇 년 전 수원을 들르며 지인에게 카페 추천을 부탁했다. 그는 몇몇 곳을 알려주며 그중 정지영 커피는 꼭 가보라고 강조했다. 수원 팔달구 행궁동 근처에만 네 곳의 지점을 가진 정지영 커피 로스터즈. 기본적으로 반듯한 카페 느낌이라기보단 예전 건물의 구조를 그대로 살려 놓아 지점마다 색다른 모습을 가진 것이 특징이다. 한옥 구조의 남수문점, 화홍문과 방화수류정이 내려다보이는 화홍문점, 음악 감상실 통창 뷰가 장관인 행궁본점 등 지점만의 개성이 뚜렷한데, 이러한 특성은 수원이라는 도시가 가진 매력을 더욱 잘 부각시켜 주는 요소로 작용하고 있었다.

주로 건물 한 채를 전부 매장으로 사용해 복층 구조를 가진 정지영 커피 로스터즈. 옛집에서나 볼 수 있는 벽돌 테라스, 시멘트 벽면을 그대로 살려 놓은 방, 수원행궁이 내려다보이는 탁 트인 루프탑 등에 자연스럽게 자리를 잡고 커피를 즐기는 사람들을 보고 있으면 여유가 느껴진다.

매장 이름에서도 느껴지듯 커피가 주력인 카페. 지점마다 차이가 조금씩 있는데, 기본적으로 머신 커피를 판매하고 핸드 드립 커피를 다루는 매장도 있다. 직접 로스팅을 하는 만큼 행궁본점에는 로스팅룸을 크게 갖추어 놓았고, 커피 교육을 위한 학원까지 한 층을 마련해 놓았다. 그들이 커피라는 요소에 얼마나 공을 들이는지 알 수 있는 부분이다. 디저트 섹션 또한 지점마다 다른데, 크로와상 계열의 빵이나 구움과자, 쿠키 등을 판매하고 있다.

정지영 커피의 캐치프레이즈는 'We are Suwoner'. 지역에 자부심을 품고 그것을 밖으로 내세우며 심지어 본인들의 강점으로 만들어 내고 있는 이들의 행보가 이제 같은 카페업에 종사하게 된 내게 대단해 보임은 어쩌면 당연한 일인지도 모르겠다. 지역에 자리해 그 지역을 널리 알리는 카페, 정지영 커피 로스터즈는 카페 그 이상의 카페로 기능하고 있는 게 아닐까 싶다.

**행궁 본점 주소** 경기 수원시 팔달구 신풍로 42 **전화** 070-7537-0091 **장안문점 주소** 경기 수원시 팔달구 정조로905번길 13 1,2층 **전화** 070-7537-0120 **화홍문점 주소** 경기 수원시 팔달구 수원천로 375 **전화** 070-7543-4332 **남수문점 주소** 경기 수원시 팔달구 수원천로316번길 4-3 **전화** 031-242-4669 **전 지점 영업 시간** 12:00~22:00, 휴무 없음 **메뉴** 커피(4.0~), 크로플(3.5) 등 *행궁 본점 기준. 지점별 조금씩 다름 **주차** 주변 공용 주차장 **근처 가볼 만한 곳** 패터슨 커피, 비브르사비

# 사무실 & 리셉션
@samusil_coffee @reception_coffee

사무실과 그 2호점 격 되는 리셉션. 완벽히 다른 느낌을 가진 두 카페는 '계면'이라는 팀이 탄생시킨 공간이다. 두 곳 모두 마치 이런 데 카페가 있을까 싶은 건물에 자리 잡고 있다. 먼저 사무실부터 살펴보면, 이름에서도 느껴지듯 남성적이고 도시적인 분위기가 특징적인 곳이다. 미니멀리즘 디자인의 물건으로 채운 인테리어는 단정하면서도 파란 카펫 바닥, 붉은 대리석 바 등으로 포인트를 주어 멋이 느껴졌다. 디터 람스의 브라운, 임스 체어, 토넷 같은 미국과 독일의 물건이 많아 더욱 그러한 분위기를 살려 준다. 커피는 핸드 드립 커피를 취급하는데, 당시에는 앤트러사이트의 원두를 맛볼 수가 있었다. 디저트로는 바닐라빈 치즈 무스와 크렘당쥬가 있었는데 둘 다 크리미한 치즈가 들어가 차갑게 먹는 가벼운 케이크들.

사무실에 비해 상대적으로 커다란 규모를 가진 카페 리셉션. 층고도 높고, 큰 나무문이 중간에 설치되어 있어 저택을 돌아다니는 듯한 기분이 들었다. 벽면에 걸린 액자나 다양한 테이블과 소파, 콘솔 형태의 선반 또한 이 상가 건물 속의 거대한 공간을 저택처럼 보이게 만드는 요소들. 리셉션에선 사무실의 음료와 디저트에 에스프레소 음료까지 마실 수 있고, 브런치의 가짓수가 늘어 레스토랑에 가까운 메뉴 구성을 갖추었다. 샌드위치, 토스트, 스튜까지 있어 식사하러 오기에도 좋은 곳.

사무실이 마치 첫 공간을 오픈할 때의 섬세함이 녹아 있는 카페라면, 리셉션은 그 경험을 발판 삼아 자신들의 창의력을 마음껏 발휘한 공간이 아닐까 하는 생각이 든다. 두 카페의 구성은 그 이름만큼이나 차이가 있었지만 '계면'이라는 팀이 추구하는 방향성은 확실해 보였다. 공간 디자인에 관심이 많다면 나처럼 두 곳을 같이 들르는 것도 추천해 본다.

**사무실 주소** 대전 중구 대종로452번길 3 2층 **전화** 010-2056-0004 **영업 시간** 11:00~23:00, 휴무 없음, 인스타그램 참고 **메뉴** 커피(5.0~), 디저트(5.5~) **리셉션 주소** 대전 서구 둔산로51번길 16 3층 **전화** 010-5767-6138 **영업 시간** 12:00~22:00, 휴무 없음, 인스타그램 참고 **메뉴** 커피(4.5~), 디저트(6.5~), 브런치(8.0~11.0) **주차** 주변 공용 주차장 **근처 가볼 만한 곳** 목수정, 풋토, 티켓부스

cafe & bakery

coffee & beverage        244

## 마이 포터리
**@mypottery_**

도심에서 근교로 빠져나와 어느덧 작은 마을로 접어든다. 그리고 좁다란 길 사이로 제법 경사가 높은 언덕을 올라가다 보면 나타나는 흰색의 웅장한 건물. 하얀 파라솔이 세워진 야외석을 가진 넓은 잔디밭의 마당까지 가진 마이 포터리는 내 생각보다 훨씬 더 큰 규모의 카페였다.

계단을 올라 들어가니 도자기 작업에 한창인 직원분이 먼저 보였다. 카페는 2층이고 1층은 작업실 겸 클래스 공간. 옅은 붉은색과 무채색에 가까운 흙색을 띤 도자기들은 나무로 된 선반과 테이블에 차곡차곡 모여, 그만의 감성적인 분위기를 만들어 내고 있었다. 창에 걸린 빛 덕분에 더더욱 경건한 느낌을 받았다. 누군가 작업실을 꿈꾼다면 딱 이런 곳이 이상적이지 않을까? 그런 생각을 하며 2층으로 발걸음을 옮겼다.

햇살이 가득 들어오는 커다란 창이 사방으로 뚫린 2층. 여름의 초록을 머금은 산과 하늘 그리고 하얀 구름이 그림처럼 바라보인다. 베이지색으로 미장한 벽과 바닥, 깔끔한 인테리어에 빛과 자연이 더해지니 한 폭의 그림이 배경으로 깔린다. 주가 되는 좌식의 두 테이블은 이용 시간이 정해져 있다. 이렇게 아름다운 자리니 누구나 앉고 싶겠지. 그래서 이런 방법을 썼나 보다. 음식은 스콘이나 타르트, 케이크 등 서너 가지의 소소한 디저트를 갖추었고, 음료도 비슷한 정도.

산 중턱까진 아니어도 제법 높은 곳에 있는 카페라, 머물다 보니 외딴 산에 와 있는 듯한 느낌을 받았다. 느긋하게 등받이 쿠션을 댄 채 다리를 뻗고 앉아 있으니 무릉도원이 부럽지가 않다.

화장실을 가다가 발견한 3층 루프탑. 이 또한 꼭 보고 가야 한다. 농촌 마을이 한눈에 내려다보이는 전망은 속이 뻥 뚫릴 정도의 장관이고, 자리는 그늘을 멋들어지게 만들어 놓아 2층과 다르게 피서지 분위기를 뿜어내고 있으니 말이다.

**주소** 경기 남양주시 수동면 비룡로782번길 71-40 **영업 시간** 11:00~22:00, 월·화요일 휴무 **메뉴** 커피(6.0~), 티(7.0~), 밤 타르트(8.0) **주차** 가능 **참고** 노키즈 존 **근처 가볼 만한 곳** 써라운드

## 커피 앳 더 플레이스
### @coffee_at_theplace

빌딩 많은 합정동에서 유독 주변과 이질적인 분위기를 풍기는 세련된 건물. 원형의 유리창과 나선형 계단이 만들어 내는 첫인상부터가 남다른 곳이다. 2층에 자리한 카페에 들어서니 블랙 앤 화이트 톤의 인테리어와 밝은 실내조명이 마치 쇼룸에 온 듯한 기분이 들게 한다. 테이블과 의자는 서로의 경계가 없는 사각형과 원통형의 형태를 가진 심플한 것들로 이루어져 있고, 많은 오브제가 놓여 있지 않아 더더욱 시원하고 깔끔한 느낌이 드는 공간이다.

메뉴로는 브루잉 커피와 이를 이용한 시그니처 커피 그리고 논 커피 음료들이 보이고, 디저트로는 칩플이라는 재미난 녀석과 쿠키가 준비되어 있는 카페. 칩플은 딥핑 소스를 찍어 먹는 칩스 형태의 귀여운 사이즈의 와플인데, 커피나 맥주와도 어울린다.

커피 앳 더 플레이스의 가장 특징적인 점은 바로 시각적인 퍼포먼스다. 핸드 드립 커피를 내려주는 바리스타의 쉐이프를 강조한 바 공간의 독특한 디자인. 바리스타의 목 아래부터 허리까지 커피를 내리는 몸과 손이 움직이는 부분만을 보여주는 이 바 구조가 무척 힙하게 느껴진다는 건 인스타그램에 올라오는 손님들의 다양한 사진과 후기만 봐도 알 수가 있다. 상상력을 자극한다고 해야 하나? 내가 마실 커피를 내려 주는 바리스타의 얼굴을 상상해 보는 건 은근히 즐거운 경험이었다. 거기에 오후 4시가 넘어가면 화려한 컬러감의 조명을 더하는 'Colours at the place'라는 퍼포먼스까지 펼쳐지니 커피 앳 더 플레이스에서 커피는 더 이상 미각과 후각으로만 즐기는 것이 아니게 된다.

빗살 형태를 가진 구조물을 배치해, 창을 통해 들어오는 햇빛, 걸리는 그림자까지 공간에 어울리게 연출해 낸 곳. 놓인 음향기기까지 10평 남짓의 작은 공간에 참 많은 요소를 고려했다. 옥상에서는 한 때 작가의 작품을 전시한 적도 있고, 사장님께서 온라인으로 공간 큐레이션 서비스 또한 진행 중이라고 하니, 공간에 진심이란 것을 잘 알 수 있다.

**주소** 서울 마포구 토정로4길 42 2층 **전화** 070-8823-9190 **영업 시간** 12:00~20:00, 수·목요일 휴무 **메뉴** 핸드 드립 커피(가격 상이), 칩플(6.5), 쿠키(3.0) 등 **주차 불가 근처 가볼 만한 곳** 이몸이 만든 빵, 군드립 커피숍, 그레이랩

## 즐거운 커피
**@joyfulcoffee_andbooks**

2년 전, 인천에 살 때 종종 들르던 옆 동네 부천의 즐거운 커피. 나긋한 미소를 가진 사장님 부부의 편안한 인상이 퍽 마음에 들어 자주는 아니어도 여유가 될 때마다 들르곤 했었다. 그때의 기억이 강하게 남아서일까? 대전으로 내려가셨다는 소식을 듣고 찾아가 보았다.
대전 갈마동, 중심에서 조금 벗어난 한적한 위치에 자리를 잡았다. 내부는 스탠드를 설치해 놓은 벽 쪽의 아기자기한 두 자리와 블라인드 틈으로 빛이 걸리는 창가 자리가 무척 감성적인 공간. 직접 다 인테리어를 하셨단다. 짙은 초록의 색감까지 마음에 든다. 음료에 곁들여 쿠키와 파운드 케이크 같은 작은 디저트를 판매하는 카페, 즐거운 커피. 브루잉 커피도 있고, 오끼나와 코히 같은 재미난 메뉴도 보인다. 날을 정해 놓고 '김브루씨의 즐거운 식탁'이라는 주제로 평소 주변 사람들과 나누어 먹던 음식을 소개하기도 한다.
책을 무척 좋아하시는 여사장님께선 카페 내부에 소박하게 한쪽가게라는 서점을 차리셨다. 진열된 책에 정성스레 멘트를 달아 놓으신 것도 참 사장님답구나 싶었다. 이곳에서 독서 관련 모임도 진행하고 있다고 한다. 서로의 눈을 마주보며 이야기하는 시간이 주는 힘을 믿는다는 글을 사장님의 인스타그램에서 보았다. 마음 따뜻해지는 시간을 만들어 나가고 계시는 두 분.
나는 이달의 브루잉 커피와 초코 쿠키를 먹었다. 예전에 내게 좋은 커피는 좋은 고기와 같다는 명언 아닌 명언을 남겨 주셨던 즐거운 커피의 사장님. 나는 지금에서야 그 말의 진정한 의미를 알아가고 있다. 커피가 아주 맛있다고 하니, 로스팅하는 곳이 잘해 주어서 그렇다며 겸손하게 말씀하셨지만 내리는 사람의 정성 또한 중요한 게 커피 아닐까 싶다.
이제 카페는 어쩌면 일상을 여행과 같은 비일상으로 바꾸어 주는 공간의 역할까지 겸하고 있다. 물론 나도 그러한 카페의 역할을 좋아한다. 하지만 내게 기억에 오래 남는 카페라 함은, 그저 평범한 나의 일상을 보낼 수 있고, 그것에 관해 짧은 이야기를 나눌 수 있는 곳이 많았다. 내게도 다른 손님에게도 즐거운 커피는 충분히 그러한 곳으로 자리매김하고 있었다.

**주소** 대전 서구 신갈마로 181번길 24-23 **영업 시간** 12:00~20:00, 휴무는 공식 인스타그램 참고 **메뉴** 이달의 브루잉(6.0), 초코칩 쿠키(1.8), 말차 쿠키(2.3) 등 **주차 불가 근처 가볼 만한 곳** 카페 브루, 버터피 베이크샵, 하치

## 애리스 커피 스탠드
**@arris.coffee.stand**

유럽, 구체적으론 도시적인 느낌이 짙은 런던 등 차가운 이미지가 떠오르는 외관을 가진 애리스 커피 스탠드. 사람들이 야외에 우유박스를 테이블 삼아 앉아 있는 모습까지 이국적으로 다가왔다. 모서리를 뜻한다는 건축용어에서 따온 이름인 애리스와 심플한 선형의 로고까지 감각적이다. 커피의 가격은 5천 원을 넘어가지 않는다. 메인 디저트라고 할 수 있는 코블러는 비스킷에 블루베리 콤포트를 끼얹은 것인데 여기에 아이스크림을 추가해도 4,500원. 시그니처 음료인 애리스 라떼와 같이 주문해도 만 원을 넘지 않아 부담 없이 먹을 수가 있다. 가볍게 오갈 수 있으면서도 알맹이가 비어 있지 않아 충족감을 채워 주는 카페. 이런 곳은 은근히 없다.

**주소** 대구 동구 동부로32길 2  **영업 시간** 09:00~22:00, 연중 무휴  **메뉴** 애리스 라떼 (3.8), 코블러 (3.5 + 아이스크림 1.0), 쿠키(3.5)  **주차 불가  근처 가볼 만한 곳** 연화, 프랭크프랭크 커피

coffee & beverage

# 온더바
@onthebar_coffee

손님과의 소통을 통해 서로의 취향을 공유하는 경험을 전달하고 싶은 바리스타의 카페, 온더바.

각종 커피와 그때그때 바뀌는 서너 가지의 디저트를 다루고 있지만, 저녁에는 와인과 맥주, 위스키 등의 주류를 판매한다. 각 영역의 사장님이 다른 것도 매장의 포인트. 커피에 대한 본인의 이해를 최대한 쉽게 풀어내어, 예의를 갖춘 정중한 말투로 설명해 주는 송원창 바리스타님. 이 커피는 어떻게 이러한 맛이 나게 되었는지, 원두의 특성, 추출 방식, 로스팅 등을 꼼꼼하게 알려 주신다. 핸드 드립 커피에 이제 막 관심을 두기 시작하는 손님에게는 정말 좋은 시간이 되지 않을까? 나는 첫 방문 때 딱 그러한 느낌을 받았다. 참고로 여기는 바까지 전 좌석 콘센트를 갖춘 곳이다. 게다가 종종 귀여운 고양이가 놀러오곤 한다.

**주소** 인천 부평구 부평대로52 라이브빌딩 1층 **전화** 032-505-2558 **영업 시간** 12:00~01:00, 휴무 없음 **메뉴** 아메리카노(4.5), 드립커피(6.0~), 디저트(가격 상이) **주차** 불가 **근처 가볼 만한 곳** 론트, 오늘 여기 우리

## 카페 사소한
@cafe_sasohan

대전 자양동의 작은 골목길. 주택 건물의 1층이 카페로 사용되고 있다. 시멘트색 외벽에 적힌 COFFEE라는 문구와 나무문, 창틀의 조화가 미묘하게 이국적으로 느껴지는 파사드. 짙은 색의 목재 가구나 잎과 줄기가 얇은 식물, 걸려 있는 괘종시계 등의 소품까지 고독의 이미지를 연상하게 되는 내부다. 아담하게 담아주는 딸기 양갱은 과하지 않은 단맛을 가진 디저트였고, 사소한 라떼는 꿀밤이 들어가 달콤하기도 하고 고소하기도 한 부드러운 음료였다. 카페 사소한은 안쪽에 꼭꼭 숨은 작은 방이 있다. 비밀 기지를 발견한 어린아이처럼 나는 웃음이 나왔다. 내가 느낀 고독의 이미지는 이 비밀스러운 공간에서 도란도란 수다를 떨고 있는 어느 두 사람의 이미지로 바뀌었다. 고독의 반대말은 아직 없다던데, 내 마음대로 '사소한'이라고 지어주고 싶어졌다.

**주소** 대전 동구 백룡로38번길 19 1층　**전화** 042-348-1844　**영업 시간** 11:30~21:00, 일요일 휴무　**메뉴** 사소한 라떼(6.0), 딸기 양갱(6.0) 등　**주차** 불가　**근처 가볼 만한 곳** 구모카페, 포구, 워커샵

### 구프
**@goof_busan**

부산 전포동의 메인 골목에서 한 블록쯤 들어간 곳에 문을 연 구프. 압도적으로 멋진 외관은 뉴욕 거리의 레코드 상점을 그대로 옮겨왔다고 해도 믿을 만큼 이국적이었다. 심지어 과속 단속 중이라는 전봇대에 붙은 표지판까지 이렇게 잘 어울리다니! 내부는 층고가 높아 탁 트인 느낌을 받았다. 벽에 진열된 액자나 책, 레코드판, 서핑 보드 등이 감각적으로 카페의 분위기를 살려 준다. 공간이 넓은 만큼 한쪽에는 직접 제작한 티셔츠를 판매하기도 하고 여러 굿즈까지 제작하시는 모양. 커피 메뉴도 있지만, 술을 겸하는 구프. 에스프레소 음료는 판매하지 않는 대신 본인들만의 오크 커피라는 콜드 브루와 필터 커피를 판매하고 있었다. 구프의 음악은 정말 크게 틀어져 있었다. 레코드 바라고 적혀 있는 만큼 직접 디제잉을 할 때도 있다고 하니 요즘 젊은이들이 이런 곳에 몰리는 것은 당연한 일이다.

**주소** 부산 부산진구 동성로 25 1층 **영업 시간** 11:00~22:00, 화요일 휴무 **메뉴** 커피(6.0), 바질 쉐이크(6.0), 베이글 샌드위치(8.0), 주류(10.0~) **주차** 불가 **근처 가볼 만한 곳** 나이브 브루어스, 얼룩, 꾸오이아노, 더빌리지 샵, 노이알트

cafe & bakery

@ain_river

@kaomei791

@bibibidang

@__osier__

@t.nomad_kr

티

# Tea

소설가의 집에서 보내는 시간
# 수연산방

서울 성북동에 있는 전통찻집 수연산방 앞에 있는 안내판에는 이 가옥에 살던 소설가 상허 이태준에 대한 짤막한 글이 적혀 있다. 내가 이태준의 소설을 접한 것은 수능 공부를 하던 시절, 교과서와 문제 지문을 통해서뿐이었다. 〈복덕방〉이라는 제목, 씁쓸한 결말과 안초시라는 등장인물이 기억에 남았던 소설이다. 솔직히 속에 담긴 내용을 전부 이해하기에는 당시의 내가 너무 어렸다.

## 존재하는 모든 사물이
## 그림이 되는 곳

참 고즈넉한 곳에 사셨구나. 이 가옥은 무척이나 아름다웠다. 햇살을 받은 한옥만큼 한국의 미를 잘 보여줄 수 있는 것이 또 있을까? 건물과 나무, 널려 있는 호박까지 공간의 모든 사물이 그림이 된다. 일행이 오기까지는 조금 시간이 남아, 툇마루에 자리를 잡는다. 마당도 예쁘다. 안쪽의 사랑채는 3인 이상만 앉을 수 있다고 한다. 날도 때마침 춥지 않아 이 시간이 더욱 좋았다. 메인 가옥 말고, 반대쪽에도 공간이 보인다. 열심히 카메라 셔터를 누른다. 이런 곳에 오면 정말 포토그래퍼가 된 기분이다. 널어 놓은 대추와 고추, 연못 위의 작은 물잎까지 눈으로 본 이곳을 잊고 싶지 않은 마음에 구석구석까지 남겨 본다.


## 전통차와 어울리는
## 단호박 디저트의 매력

이윽고 자리에 앉아 주문을 한다. 텔레비전에도 몇 번이나 소개되었을 만큼 유명하다는 단호박 빙수에 차를 한 잔 더해 본다. 단호박 범벅을 따로 팔기도 하는 걸 보니 유명하긴 유명한 모양이다. 단호박 빙수는 생각보다 달지 않았다. 으깬 단호박 특유의 맛이 살아있다. 팥앙금도 튀지 않아 호박 맛을 가리지 않는다. 1인분인데 양도 생각보다 많은 빙수. 오미자차는 새콤했다. 무척. 미간이 찌푸려지는 새콤함에 정신이 맑아진 듯하다. 먹으라고 한과도 두어 개 내어주신다. 요즘 카페들에선 보기 힘든 매력. 여기엔 이런 게 어울린다.

인솔자를 따라 견학을 하는 관광객과 학생, 부모님을 모시고 온 가족, 이런 곳엔 빠질 수 없는 커플까지 이 한옥은 다채로운 색을 가진 만큼 다채로운 손님들로 가득 채워져 있었다. 예정에 없던 수연산방에 방문하게 된 이날, 가을의 단풍이 푹 무르익은 수연산방을 볼 수 있었던 건 분명 내겐 행운이었다.

**주소** 서울 성북구 성북로26길 8
**전화** 02-764-1736
**영업 시간** 11:30~18:00(토·일 22:00), 월요일 휴무
**메뉴** 단호박 빙수(1인 13.5), 오미자차(11.5)
**주차** 가능
**근처 가볼 만한 곳** 블랑제메종북악, 오버스토리, 과일 카페 58.4

남해 여행의 필수 코스가 된 카페 겸 상점
# 앵강 마켓

사실 남해라는 지역에 대해 자세하게는 몰랐었다. 경상남도 남해군. 섬으로 이루어진 이 지역은 인구밀도가 높지 않아 한가로운 정취가 남아 있다. 남해는 여행을 다니는 사람들에겐 관광지로도 제법 알려져 있다. 바로 이 남해에 들르게 된다면 한번 가볼 만한 찻집이자 상점이 바로 앵강 마켓이다.

@ain_river

### 에메랄드빛 바다 앞에 자리한
### 그림 같은 가게

시골 마을 특유의 주변 분위기와는 확연히 다른 외관. 찻집을 하는 공간이라 그 고즈넉한 분위기가 먼저 눈에 들어온다. 그렇다 보니 지나가며 대체 여기가 뭐 하는 가게인지를 밖에서 살펴보는 사람 또한 많이 볼 수 있었던 곳. 단정한 인테리어의 내부는 창가 쪽의 평상 자리와 그 밖으로 보이는 정원의 우물까지 그림 같다는 말이 절로 나온다. 교토의 사찰을 떠올리게 하는 이 멋진 정원의 우물은 원래 집터에 있던 것을 그대로 보존한 것이라고 한다.

### 앵강만에서 따온 이름처럼
### 남해의 요소를 많이 담은 곳

꾀꼬리 앵(鶯), 큰 내 강(江). 꾀꼬리 울음소리 들리는 강 같은 바다라는 뜻이다. 앵강이라는 이름이 생소하게 들릴 수도 있겠지만, 이는 남해의 바다인 앵강만에서 따온 이름. 앵강 마켓의 사장님께선 직접 선별한 남해의 식재료들을 정성스럽게 패키징해서 판매하고 계신다. 품질이 좋다는 죽방 멸치나 각종 잡곡, 김, 미역귀 등을 아주 소량으로도 구매할 수 있어 혼자 사는 사람에게 또는 가벼운 선물용으로 제격이다. 가장 남해답지 않은 곳인 줄 알았는데 남해의 요소를 여기저기에 많이 담아 놓은 공간이다.

먹거리로는 차와 함께 수제 양갱이 있다. 차 역시도 남해의 식재료로 만든 메뉴가 보인다. 화려하다기보단 수수한 매력을 가진 앵강마켓의 차. 물론 말차 라떼와 같은 대중적인 음료들도 판매한다. 거기에 디저트로 부드러운 단맛을 가진 양갱은 시판 양갱의 자극적인 맛과는 확연히 달라 차와 곁들이는 조합으로 순하게 어울렸다.

**남해 여행의 마지막 날**

**찾기 좋은 곳**

여행의 화려한 볼거리, 빡빡한 일정이 지나간 후, 그 여파로 지친 몸과 마음을 위로하러 오기에 좋은 앵강 마켓. 나는 항상 여행을 가면 마지막 날이 공백인 경우가 많았다. 남해에서 시간이 남는다면 앵강 마켓을 찾아가 보자. 지나간 여행의 시간을 정리하고 홀가분하게 떠나기에 이만한 곳이 없다. 거기에 항상 고민인 선물거리까지 구할 수 있지 않은가?

그러고 보니, 점심 시간에만 영업하는 바로 옆집의 주란식당 또한 참 맛깔나는 백반으로 현지인들의 입맛을 사로잡고 있다. 같은 분께서 운영하는 코나 하우스 또한 넓은 바다가 보이는 이국적인 풍경으로 유명한 브런치, 디저트 카페이니(현재는 휴업 중) 같이 들러보기에 좋다.

**주소** 경남 남해군 남면 남서대로 772
**전화** 055-863-0772
**영업 시간** 11:00~17:30, 휴일 별도 공지
**메뉴** 차(6.0~), 양갱(팥, 말차, 밀크티, 유자 각 2.5)
**주차** 매장 앞 1~2대
**근처 가볼 만한 곳** 비급 상점, 슬로우 다운, 허스밴드

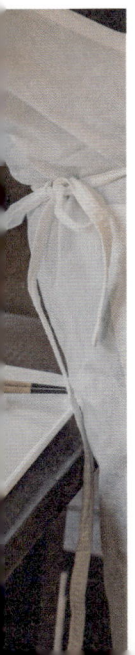

# 고고당
@kaomei791

도심에서 벗어난 향산리라는 동네. 울산역에서 차를 타고 태화강을 따라 넓게 펼쳐진 논밭, 띄엄띄엄 보이는 오래된 집을 지나 꽤 들어가다 보면 그 모습이 나타난다. 차에서 내리고 마주한 티하우스 고고당. 잔디밭과 돌길, 예쁘게 햇살을 머금은 미색의 깔끔한 나무 건물은 들어가기 전인데도 파랗게 펼쳐진 하늘과 어우러져 이미 내 마음을 반쯤 사로잡아 버렸다. 입구에서 신발을 벗고 짚으로 만든 실내화로 갈아 신어야 하는 곳. 그 경건한 느낌 때문일까? 나는 이때부터 마음이 설레기 시작했다.

차를 다루는 만큼 단정하게 진열된 다구가 많이 보이고, 나무와 린넨, 수수한 화분, 천장에 달린 장식, 테이블 사이의 여백 등에서 동양적인 느낌이 물씬 묻어나는 내부. 메뉴는 당연히 잎차의 종류가 가장 많아 음료의 절반 이상을 차지하고, 차가 부담스러운 사람을 위해 라떼류나 콜드브루 등도 갖추고 있었다. 티푸드 쪽은 양갱이나 모나카, 오란다, 팥 대추, 떡 같은 전통적인 디저트류가 특징.

차는 시향을 해볼 수 있고, 자세한 설명 또한 곁들여 주시는데, 특히 주문한 음식이 나온 후에는 차를 내리는 방법에 대해서 상세하게 알려 주신다. 잔과 다관을 데우는 과정, 첫 번째 차는 맛보단 향으로 마시고 세 번째 우린 차가 가장 맛있다는 설명 등이 흥미롭다.

차를 마시며 창밖을 참 오래도 바라보았다. 나긋한 농촌 마을의 정취가 차에도 밴 듯 편안함을 같이 마셨는지 하염없이 시간을 흘렀다. 휴식이라 함은 본래 이런 것일 텐데…. 힘을 꽉 준 공간에선 절대로 경험할 수 없는 경험을 했다. 구름이 느리게 흘러가는 모습을 눈으로 좇아 보고, 바람에 풀이 흔들리는 모습을 바라보는 것이 이렇게나 좋았다니. 이곳에 와서 도시의 많은 것을 내려놓을 수 있었다. 우리가 떠날 무렵, 스님 두 분께서 손님으로 들어오셨다. 자연스럽게 자리에 앉고 밀짚모자를 벗으시는 광경이 이 공간을 잘 설명해 주는 듯했다.

**주소** 울산 울주군 상북면 능산길 43-1  **전화** 052-264-5388  **영업 시간** 11:00~18:00(주말 11:00~19:00), 휴무일은 공식 인스타그램 참고  **메뉴** 잎차(동방미인 13.0), 호지차 라떼(8.0), 수제 양갱(4.0)  **주차 가능  근처 가볼 만한 곳** 러프 로스터스, 시그너스 커피바

## 비비비당
@bibibidang

바다가 가진 포용력은 남다르다. 지친 몸을 이끌고 들어간 비비비당. 창밖 넓게 펼쳐진 바다는 여정의 피로를 대신 품어 주기라도 하려는듯 나를 감싸오기 시작했고 나는 이내 그 바다를 바라보면서, 몸뿐만 아니라 심적으로도 편안한 시간에 빠져들 수 있었다.

넓은 규모에 많은 자리가 있었던 카페, 비비비당. 자리마다 다른 모습의 바다를 볼 수 있게 되어 있다. 다른 시선, 다른 각도 그리고 저마다의 다른 감상. 이 공간은 크기만큼이나 다양한 매력을 가지고 있음이 분명하다.

나는 계절 꽃차와 호박 빙수를 주문했다. 호박이 들어간 얼음은 시원하면서 호박 특유의 맛이 묻어나고 맛깔나게 조청까지 들었다. 내가 방문한 날은 날씨 때문이었는지 꽃차가 더욱 향기로웠다. 계절 꽃차는 향긋한 차향을 즐기며 풍경을 음미하기에 좋았다.

그림 같은 풍경을 바라보면서 하루를 정리하고 다시 다음의 길을 갈 힘을 얻을 수 있었던 비비비당. 노을 지는 시간까지 있고 싶었지만 생각보다 낮이 길어 노을을 보지는 못했다. 물론 낮의 바다만으로 충분히 아름답고도 남았다.

**주소** 부산 해운대구 달맞이길 239-16 4층 **전화** 051-746-0705 **영업 시간** 10:30~22:00, 월요일 휴무 **메뉴** 계절 꽃차(10.0), 호박 빙수(10.0) 등 **주차** 가능 **근처 가볼 만한 곳** 오디너리핏 부산점, vrew coffee, 카페 고물상

## 오시에
@__osier__

하얗게 미장을 한 벽과 원목, 고제 계열의 깔끔한 인테리어. 걸려 있는 두꺼운 천, 푸른 빛이 감도는 유리병 등의 오브제는 그 하나하나가 거슬림이 없이 자연스럽게 공간에 녹아 들어가, 동서양의 느낌을 고루 섞은 이국적인 분위기를 뿜어내고 있었다. 메뉴를 살펴보니 커피와 티, 와인이 보이고, 간단한 디저트 세 가지 정도를 갖추었다. 나는 레몬 머틀 티와 토마토 매실 우롱 티를 마셨다. 레몬 머틀티하면 그 깨끗하고 시원한 향이 특징적인데, 오시에의 레몬 머틀티에선 미묘한 단맛이 느껴졌다. 튀지 않고 은은하게 입에 남는 매력적인 단맛. 또 다른 음료인 토마토 매실 우롱티는 달착지근하게 만들어 낸 토마토 매실 절임을 구수한 우롱차에 곁들였다. 토마토를 건져 먹는 쏠쏠한 재미도 있다. 참고로 오시에에선 귀여운 골든 리트리버 탱이도 만날 수 있다.

**주소** 경기 양주시 장흥면 호국로597번길 8-21 **영업 시간** 목·금요일 12:00~17:00, 토·일요일 12:00~19:00, 월·화·수요일 휴무 **메뉴** 티(6.5), 토마토를 올린 바게트(6.5), 하겐다즈 아이스크림(6.5) **주차** 가능 **참고** 노키즈, 노펫존 **근처 가볼 만한 곳** 아티장 베이커스 파주, 베이킷

# 티노마드
@t.nomad_kr

제주도의 카페를 온 것 같은 이국적인 공간. 고제를 사용한 기둥과 테이블, 반달 모양의 창문, 깎아 만들어 물을 담은 아담한 못까지 눈이 가지 않는 게 없다. 공방을 겸하는 곳답게 도자기가 많이 진열된 것 또한 특징. 한쪽에선 작업실 특유의 진중한 모습 또한 엿볼 수가 있다. 먹어 본 음료는 블랜딩 티인 노마드 차와 빙수. 차는 꽃 향을 가득 머금었다. 먼저 주신 웰컴 티의 무게감과는 대비되는 느낌. 전라남도에서 직접 기른 무농약 복사꽃이 베이스가 되었단다. 곁들여 주는 팥 또한 단맛이 살짝 있어 훌륭한 입가심이 된다. 빙수는 호지차를 골랐는데, 볶은 차 특유의 고소하고 구수한 맛이 제법 풍부한 편. 거기에 우유의 부드러운 맛과 연유가 떠오르는 달콤함까지 있어 기분이 좋아진다.

**주소** 서울 마포구 포은로 112 2층 **전화** 010-9975-3939 **영업 시간** 13:00~21:00, 수요일 휴무, 예약제 운영 **메뉴** 노마드 차(7.0), 차 우유 빙수(호지차 8.5) **주차** 불가 **근처 가볼 만한 곳** 올웨이즈 어거스트, 당도, 604

@_sagefinch

@_lapiena

@coindeparis_

@mukri_459

@cafe.somemore

@a.nook_apsan

브런치

# Brunch

No Toast No Life

# 세이지핀치

하나의 확고한 취향을 주력으로 삼는 가게를 좋아한다. 주인장의 취향이 나의 취향과 맞을 때 확실히 더 그 공간에 푹 빠질 수 있고, 기억에도 오래 남기 때문이다. 세이지핀치는 서울 서촌의 어느 골목에 자리를 잡았다. 왠지 그 동네의 정취와 제법 잘 어울린다는 인상을 받았다. '아침을 여는 토스트 가게'라는 문구답게 이른 시간부터 영업하는 세이지핀치. 아침에 갈 만한 카페가 은근 찾기 힘든데 딱 알맞은 공간이 생겨났다.

@_sagefinch

## 그림 같은 공간에서
## 그림 같은 휴식을

5명 정도가 들어가면 꽉 차는 매장은 2인 테이블 하나, 바 테이블 하나가
전부인 아담한 규모. 줄이 달린 우드 테이블이 딱 나의 취향이라 아름답다고
몇 번이나 말을 했다. 그 밖에도 가게의 여기저기에 사장님의 흔적이 묻어난다.
'No toast no life' 같은 재미난 문구도 그렇고 선반 역시도 빈티지 식기들이
가득 채워져 참 감성적으로 보였던 공간. 느긋하게 앉아 커피 한잔을 즐기는
손님에게 귀여운 토스터에서 갓 나온 토스트를 내어주는 사장님의 모습이 마치
그림 같다. 실제로 사장님이 토스트를 만드는 모습을 동영상으로 담는 손님도
제법 보였다.


## 올리브의 감칠맛과 치즈의 짭조름한 맛이
## 어울리는 올리브 미엘

메뉴판의 클래식한 폰트로 쓰인 글자도 마음에 든다. 세월의 흔적이 남은
빈티지 식기와도 잘 어울린다. 주 메뉴인 토스트는 내가 먹은 올리브 미엘,
프레그넌트 외에도 크렘브륄레와 포모도로도 보였고, 스콘과 잼, 리코타 치즈
조합이나 땅콩 쿠키 같은 가벼운 먹거리들까지 있어 제법 선택의 폭이 넓었다.
상대적으로 음료는 힘이 덜 들어갔지만, 그만의 특징을 가진 티와 커피가
마련되어 있다.
올리브 미엘은 호밀빵에 올리브 페스토를 바르고 치즈를 올려 구워 낸 토스트.
그 위에 무화과와 어린 잎을 올리고 견과류를 뿌려 풍성함을 더했다. 올리브
특유의 감칠맛과 치즈의 짭조름함이 어우러지는 느낌. 더해지는 무화과의
신선한 수분감, 은은한 단맛과 씹히는 견과류의 고소함도 조화롭다.

### 영롱한 핑크빛 젤리가 올라간
### 프레그넌트 토스트

반짝이는 핑크빛 색감이 영롱한 젤리가 특징인 디저트 타입의 프레그넌트 토스트. 아래엔 리코타 치즈가 들어있다. 전체적으로 부드럽고 달콤한 맛이 나는 편. 리코타 치즈는 되직하면서 담백한 유제품 맛이 나는데 젤리가 수분감과 달콤함을 더한다. 인위적인 식감이 아니라서 거부감이 적은 것도 좋고, 강하지 않은 재료 고유의 향 덕분에 고급진 느낌도 들었던 젤리. 호밀빵은 바삭하게 구워 내 위의 재료와는 대조적인 풍미를 느낄 수 있다. 특유의 시큼함도 살짝 있어서 단맛, 느끼함 등을 조화롭게 잡아 주기도 한다. 젤리에 들어간 재료가 무엇인지 맞춰 보는 숙제를 사장님이 내주신다. 나는 맞췄을까? 한번 가서 도전해 보시길.

세이지핀치의 전신인 망원동의 로지핀치 시절, 몇 번 방문했을 뿐이지만 골목길 속 아담한 토스트 가게와 그곳에서 얻은 작은 경험은 여전히 내 기억에 남아있다. 통에 붙어있는 스티커의 통통한 새와 빵 모양의 그림, 어설프게 귀여운 핫도그, 아름답고 정갈하게 꾸며진 카운터까지. 어렴풋하게 스쳐 지나는 기억들이었지만 말이다. 그때 느낀 정취가 지금의 세이지핀치에도 잘 간직되고 있어 기쁘다.

**주소** 서울 종로구 필운대로1길 8
**전화** 010-6836-6724
**영업 시간** 월~토요일 09:00~18:00, 일요일 10:00~17:00, 수·목요일 격주 휴무
**메뉴** 올리브 미엘(7.5), 프레그넌트(5.5), 레몬 그라스 아이스티(5.5)
**주차** 불가
**근처 가볼 만한 곳** 커피 한 잔, 스태픽스, 자하, 더마틴, 에디션 덴마크, 대충유원지

brunch

유화 같은 카페
# 라피에나

수원 화성행궁의 성곽이 쭉 뻗은 모습이 창밖으로 바라다보이는 카페 라피에나. 운때가 맞으면 그 성곽 위로 열기구가 떠다니는 모습을 볼 수 있다. 나는 그 사진에 꽂혔지만, 운이 따르지 않았는지 직접 볼 수는 없었다. 하지만 내가 방문한 라피에나는 그런 모습은 생각도 나지 않을 정도로 인상적인 기억을 남겨 주었다.

@_lapiena

## 빈티지가 만들어 내는
## 아름다움의 정석

밖에서 바라보는 외관부터가 예쁜 카페 라피에나. 사방으로 낸 창과 계단은 포토존으로는 물론이요, 바라보는 것만으로도 프랑스의 어딘가가 떠올랐다. 사장님께서 남편분과 직접 하셨다는 인테리어. 대수롭지 않다는듯 말씀하셨지만, 보통 센스가 아니고서야 이런 공간을 만들기란 쉽지가 않다. 들어가자마자 마주하는 주방에 또 한 번 탄성이 나온다. 햇살을 머금은 목제 가구와 식물, 그 뒤편으로 진열된 식기와 조리도구들은 빈티지가 만들어 내는 아름다움의 정석을 보여주고 있었다. 슬쩍 올려놓은 오리 모양의 장식, 체크무늬의 빨간 천까지 공간에 자연스럽게 녹아들었다. 사장님께 그저 예쁘다는 말만 앵무새처럼 되풀이하고 있는 자신의 표현력 부족이 한심해 보일 정도로 내 마음에 쏙 들었던 라피에나의 키친.


## '그림 같다'는 표현이
## 가장 잘 어울리는 곳이 아닐까

'그림 같다'라는 말 또한 어딘가가 부족하다. 유화라고 표현해 보니 좀 더 낫다. 마른 낙엽, 와인 병, 오래된 책, 바구니 속의 과일 등 정물화에서 볼 수 있는 사물로 가득한 이곳의 채색은 빈티지가 가진 느낌이 그러하듯 짙고, 깊게 칠하는 게 맞겠지라는 까닭에서 든 생각이다. 비단 주방뿐만이 아니다. 어느 자리를 둘러보아도 라피에나는 전부 멋스러웠다.
새것 같지 않은 느낌의 하얀 벽만이 각 자리의 공통점. 테이블부터 자리의 형태나 놓인 소품, 바라다보이는 풍경이 모두 달라 각자만의 느낌을 발산하고 있었다. 위층 공간 또한 마찬가지. 무심하게 배치된 냉장고와 싱크대마저 감각적으로 다가온다. 여러 장의 유화가 수록된 도록을 보는 것 같았다. 나는 그렇게 꽤 오래 라피에나의 구석구석을 감상했다.

## 배를 채우러 오기에도
## 디저트와 차를 즐기기도 좋은 곳

라피에나는 디저트뿐만 아니라 브런치 메뉴도 제법 있었다. 메뉴가 고정은 아니고 이것저것 바뀌는 모양. 내가 간 날의 데일리 스프인 대파 감자 스프는 감자의 담백한 맛에 더해지는 겨울 조선대파의 감칠맛이 퍽 매력적이었다. 부드러운 맛이 풍부한 브리오슈 빵에 머스터드를 바르고 살라미햄과 치즈를 올린 샌드위치는 사과와 루콜라를 푸짐하게 올려 산뜻한 맛이 도드라졌고, 맛이 진한 햄과 치즈는 거기에 간간한 맛을 보태 주었다. 치즈가루와 순무를 뿌려 모양새도 먹음직스러웠다.

나는 라피에나를 단지 사진 프레임 하나만을 보고 방문했지만, 그것은 결국 라피에나의 매력 중 극히 일부분에 불과했다. 역시 들러보기 전엔 모른다. 음식, 인테리어, 분위기, 친절 그리고 창밖의 풍경이나 작은 소품까지, 이곳에 빠져들 요소는 넘쳐나도록 많았으니 말이다.

**주소** 수원시 팔달구 남수동 11-73
**영업 시간** 평일 11:00~17:00, 주말 11:00~19:00, 월요일 휴무
**메뉴** 커피(5.0~), 케이크(6.5), 오늘의 스프(7.5), 홈메이드 사과잼을 넣은 잠봉뵈르(13.0), 루콜라 애플 샌드위치(8.5) 등
**주차** 주변에 가능
**근처 가볼 만한 곳** 콜링우드, 비브르사비, birdcoffeebrewers

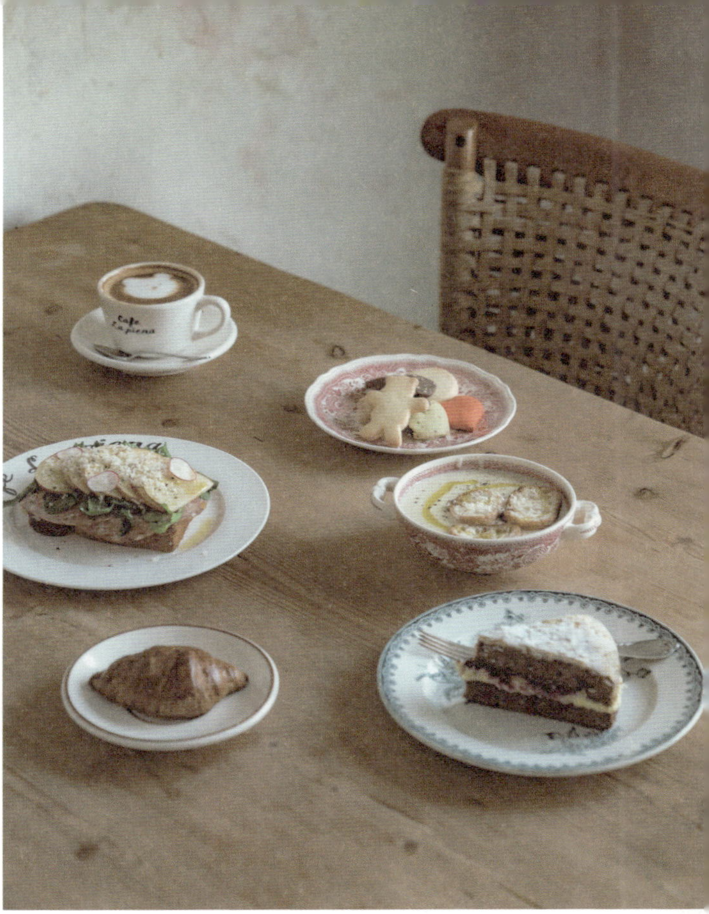

La piena
PATISSERIE & CAFE & BISTRO
COFFEE

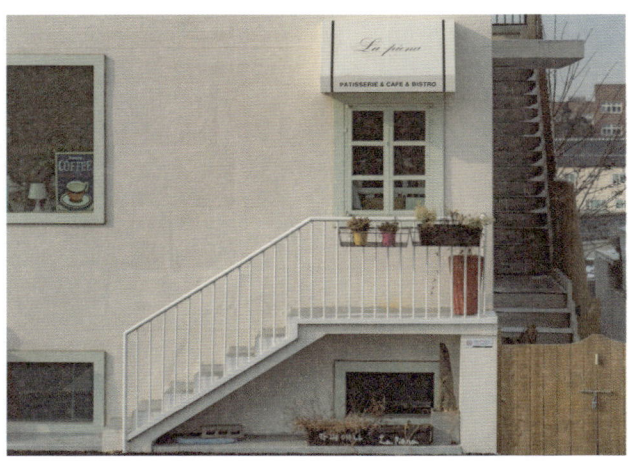

## 꼬앙드파리
**@coindeparis_**

외관만 봐도 이국적이라는 말이 절로 나온다. 아이보리색 파사드와 빨갛게 칠한 어닝. 역시 붉은색 체크로 포인트를 준 야외석과 창문의 글씨에서도 유럽의 감성이 넘쳐 흐른다. 여기에 앉아 도도하게 여유를 즐기는 파리지앵의 모습을 상상해 보는 것은 당연한 일.

내부는 짙은 초록색을 더해 더욱 감각적인 모습이 나타난다. 아치형의 기둥이 군데군데 보이는데, 그중에서도 백미는 반원형의 의자를 낀 안쪽 자리. 실제 파리에도 이렇게 아름다운 공간이 있으려나 싶을 정도로 창문과 벽, 좌석의 조화가 훌륭했다. 그 밖에도 입구 양옆의 창가 자리의 원형 테이블에는 햇살이 아름답게 걸려 한가로운 유럽의 오후를 떠오르게 하고, 오브제로 놓인 책이나 직접 제작한 잔에도 파리의 감성이 가득 담겨 있다.

꼬앙드파리의 특이한 점은 음식을 주문할 때 주문표에 직접 메뉴를 적어서 주문을 해야 한다는 점. 손님들에겐 빨간 메뉴판과 함께 내어주는 기차표처럼 생긴 주문표에 연필로 직접 메뉴를 적는 절차 또한 이국적으로 다가올 것이다. 재방문 시에 음료를 할인해 주는 쿠폰도 붙어 있으니 여러모로 요긴한 녀석. 음식은 주로 가벼운 음식으로 먹기 좋은 샌드위치와 콜드 파스타 그리고 약간의 디저트로 구성되어 있다.

이국적이다, 프랑스 감성이다, 하는 콘셉트의 카페는 어쩌면 무척이나 많을 것이다. 그럼에도 그중 꼬앙드파리를 추천하게 되는 이유는 뭘까? 나는 그것을 이 꼬앙드파리라는 공간이 방문하는 이에게 밖과 완벽히 다른 공간에 머무르고 있다는 환상을 심어 주기 때문이라고 생각한다. 이 환상은 생각보다 작은 부분에서 깨어지기 쉽다. 익숙한 물건, 익숙한 상황이 보일 때 여지없이 깨어지는 그 환상을 유지하기 위해, 사장님께선 디테일한 부분, 예를 들면 물과 휴지를 담아 놓는 트롤리에까지 파리의 감성을 느낄 수 있게 신경을 쓰셨다.

**주소** 서울 송파구 마천로 7길 18 **영업 시간** 11:30~18:30(토요일 ~19:30), 일·월요일 휴무, 예약제 (공식 인스타그램 링크) **메뉴** 크렘브륄레 밀크티(6.5), 잠봉뵈르(7.5), 루콜라 페스토 콜드파스타(9.5), 크루아상(4.5) 등 **주차 불가 근처 가볼 만한 곳** 프로퍼 커피바, 필커피, 르쉬드 서울, 카쿠

## 묵리 459
**@mukri_459**

묵리라는 지명을 처음 들었다. 경기도 용인시의 깊숙한 산동네. 어느덧 산림이 짙게 푸르러질 때가 되니 이 공간이 모습을 드러내기 시작한다. 넓은 주차장 옆으로 가지런하게 심어 놓은 채소가 보이는 광경이 재미나다. 맑은 날씨 그리고 멀리 보이는 먹색의 건물과 어우러져 한층 더 전원적인 분위기를 자아낸다.

태양을 따라 동심원 모양으로 도는 천체의 일부를 떼어다 놓은듯, 건물과 마당의 돌담은 일정한 선을 그리며 휘어져 있다. 건물의 내부도 그러한데, 특히 카운터의 왼쪽에 마련된 공간에서 그 특징이 더욱 도드라졌다. 높은 층고와 굽이굽이 휘어져 유려한 곡선을 가진 자리와 천장, 그 가운데에 서 보니 우주의 기운을 온몸으로 받는 것 같은 착각에 빠져들었다. 은은하게 퍼지는 인센스의 나무 향까지 더해지니 분위기는 더욱 경건할 수밖에. 이곳의 밤을 보지 못한 것이 아쉽다. 낮에 보아도 충분히 멋진데, 밤엔 이보다 더 멋지다고 들었다.

의외로 샐러드가 주력 메뉴인 묵리 459. 바로 앞의 농원에서 재배한 채소를 쓰신단다. 그러고 보니 가게 앞에도 채소를 심어 놓은 것이 보였다. 덕분에 샐러드의 양이 푸짐한 건 한눈에 봐도 알 수 있었다.

또한 다른 음식들에서도 소소하게 묵리만의 특징을 심어 놓았다. 쉬림프 오일 파스타는 먹물 면을 사용하고 묵리플 위에 올라가는 치킨의 튀김옷 역시도 먹색. 파스타는 오일 파스타 베이스에 해산물의 풍미가 진한 비법 소스를 사용해 감칠맛이 도드라졌고, 묵리플은 달달한 와플과 두툼하고 바삭한 치킨의 조합이라 그저 믿먹했다. 치킨에 단맛이 어울릴까 싶었는데 생각 이상으로 잘 어울린다. 곁들여 주는 잼까지 더해 먹어 보자. 그밖에 케이크나 크로플 같은 디저트도 갖추었다. 산과 돌 두 가지 블렌드를 쓰는 커피는 깨끗한 맛을 가졌다.

**주소** 경기 용인시 처인구 이동읍 묵리 459  **전화** 031-335-4590  **영업 시간** 11:00~20:00  **메뉴** 묵리스 샐러드(15.0), 쉬림프 오일 파스타(18.0), 묵리플(17.0), 아메리카노(6.0), 에이드(오아시스, 패션후르츠 7.5)  **주차** 가능  **근처 가볼 만한 곳** 카페 앙 그랑, 구옥 1963

# 카페 썸모어
**@cafe.somemore**

인천 송도에서 본인만의 독자성을 꾸준히 발전시켜온 공간, 카페 썸모어. 이제 구월동으로 자리를 옮겨, 더 넓어진 매장과 그만의 감성적인 분위기로 금세 핫 플레이스로 자리를 잡았다. 유럽, 아니면 미국의 어느 식당을 연상시키는 분위기. 고급스러운 베이지 톤에 우드 소재로 자연스러움과 단정함까지 갖추었다. 개인적으론 외관과 창가, 카운터 쪽에선 유럽의 감성을, 테이블 좌석에선 아메리칸의 감성을 느낄 수가 있었다.

브런치가 주력이지만, 커피와 디저트까지 폭넓게 갖춘 카페 썸모어. 덕분에 이곳에 가면 항상 배가 부르게 먹는다. 그리고 빼놓을 수 없는 게 바로 와인이다. 커피 말고 브런치와 함께 와인을 가볍게 즐길 수 있는 것 또한 썸모어의 특징인데, 2020~2021년의 대세가 바로 가볍게 즐길 수 있는 와인이었다는 걸 생각해 보면, 꽤 오래 전부터 와인을 내놓으셨던 이곳은 어떻게 보면 트렌드를 선도한 셈이다.

카페 썸모어의 스몰 플레이트 브런치 중에 가장 인기가 많은 것은 올리브, 치즈를 넣어 구운 양송이라는 메뉴. 살짝 단맛이 돌면서도 부드럽고 크리미한 맛이 나는 크림치즈가 구워낸 양송이버섯 속에 들었는데, 이게 버섯의 식감과 무척이나 매력적으로 어우러지는 음식이다.

카페 썸모어의 인스타그램 계정엔 항상 활기가 넘친다. 인천의 여러 브랜드의 젊은 사장님들과 콜라보를 하기도 하고, 마켓에 참가하거나 피크닉을 주최하는 등 항상 많은 시도를 하는 모습이 멀리서 보기에도 즐거워 보인다. 이렇게 지역의 색을 쭉 발전시켜 나가는 것은 언제나 옳다.

나는 앞으로의 카페 썸모어가 어떠한 방향으로 나아가게 될지 참으로 궁금하다. 제과제빵을 전공한 사장님이 브런치를 하게 될 줄 몰랐듯 말이다. 아, 그런 의미에서 썸모어의 당근케이크도 참 맛깔나니 요것도 한 번 추천해 본다.

**주소** 인천 남동구 인하로521번길 21 1층 1호 **영업 시간** 수~금요일 11:00~21:00(브레이크타임 15:00~17:00), 토요일 11:00~21:00, 일요일 11:00~16:00, 월·화요일 휴무 **메뉴** 스몰 플레이트(12.0~), 브런치 플레이트(15.0~), 커피(4.5~) **주차** 불가 **근처 가볼 만한 곳** 차담정, 릴하우스, 어반트리스, 아키라 커피

## 아눅앞산
**@a.nook_apsan**

대구의 앞산 카페거리, 이곳에서 커다란 주택을 개조해 만든 베이커리 카페 아눅앞산. 창을 통해 내려다보이는 한옥의 고풍스러운 풍경, 테라스와 루프탑, 주택의 구조가 그대로 남아있는 트렌디한 공간, 그리고 맛있는 빵까지 여러 매력을 가진 베이커리 카페다.
이곳은 브런치가 주력인 곳이다. 커피는 핸드 드립과 머신 커피 둘 다 있었는데, 에스프레소를 다룸에도 아메리카노를 메뉴판에서 제외한 것이 신기했다. 아무래도 그 자리를 핸드 드립 커피로 채워 본인들의 다양한 원두를 소개하고 싶은 게 아닐까, 하고 추측해 볼 뿐이다.
브런치가 주력이라 나는 그중 두 가지를 주문했다. 음식이 나오는 것은 카카오톡을 통해 알려준다고 한다. 진동벨보다 마음에 들었던 시스템. 사람이 워낙 많은 카페이니 이런 방식을 택했겠지. 카페는 1층과 2층 말고도 지하에도 자리가 넓게 마련되어 있었고, 심지어 루프탑까지 올라가 볼 수 있었다.
주문한 건 양송이 스프와 트러플 머쉬룸 에그 샌드위치. 커피는 원두의 설명이 적힌 종이를 코스터 겸으로 같이 주는데 살짝 접힌 디자인이 왠지 마음에 들었다. 온기가 남아있는 따뜻한 크로와상에 부들부들하게 익혀 낸 스크램블 에그와 조리한 버섯을 채워 놓은 샌드위치. 제법 강하게 올라오는 트러플 오일의 향이 더욱 입맛을 돋운다. 달걀의 부드러운 맛도 버섯과 치즈의 감칠맛도 전부 내 취향. 아주 바삭하다기보다 속에 수분감을 남긴 크로와상이 좋은 베이스가 되어 준다. 많이 짜지도 않은 데다가 두툼하게 올려주는 피클 덕분에 입가심까지 가능했다.
양송이 스프는 일단 버섯이 참 가득 들었다. 베이컨도 보이고, 한 큰술 뜨니 입에서 씹히는 게 많다. 크리미한 스프는 간이 강하지 않으면서도 심심하지 않은 맛. 곁들여 주는 바게트가 참 좋다. 껍질 부분이 바삭한 바게트. 속은 촉촉하게 씹히고 구수한 맛까지 가져 더 바랄 게 없다. 여기에 스프를 콕 찍어 먹는 게 역시 브런치의 매력. 양도 제법 많다.

**주소** 대구 남구 앞산순환로 459  **전화** 053-754-1060  **영업 시간** 10:00~22:00, 브런치는 오후 5시까지, 휴무 없음  **메뉴** 트러플 머쉬룸 에그 샌드위치(11.0~), 양송이 스프(10.0), 핸드 드립 커피(5.0~), 빵(4.0 ~)  **주차** 가능(인스타그램 하이라이트 참고)  **근처 가볼 만한 곳** 아크니, 더크

## 즐거워, 빵과 커피가 있으면

2021년 8월 20일 초판 1쇄 인쇄
2021년 8월 27일 초판 1쇄 발행

| | |
|---|---|
| 지은이 | 이하성 |
| 발행인 | 윤호권 박헌용 |
| 본부장 | 김경섭 |
| 책임편집 | 원경혜 |
| | |
| 발행처 | (주)시공사 |
| 출판등록 | 1989년 5월 10일(제3-248호) |
| | |
| 주소 | 서울시 성동구 상원1길 22 7층 (우편번호 04779) |
| 전화 | 편집 (02) 2046-2847 |
| | 마케팅 (02) 2046-2800 |
| 팩스 | 편집·마케팅 (02) 585-1755 |
| 홈페이지 | www.sigongsa.com |

ISBN 979-11-6579-681-5 13980

본서의 내용을 무단 복제하는 것은 저작권법에 의해 금지되어 있습니다.
파본이나 잘못된 책은 구입한 서점에서 교환해 드립니다.